こころの臨床セミナーBOOK

無心の対話

精神分析フィロソフィア

西平 直
Tadashi NISHIHIRA
松木邦裕
Kunihiro MATSUKI

創元社

出会い——対話のはじまる前に

松木先生のお名前を初めて目にしたのは、まだ東京で暮らしていた頃のことである。D・W・ウィニコットについて調べてゆくうちに、柔らかな文章をお書きになる松木邦裕という先生のお名前が印象に残った。しかし、九州にお住まいというこの先生との接点は何もなかった。

ところが、どういう因果が廻ったのか、私が転任した大学に、先生も移ってこられた。私は嬉しくて仕方がなかったのだが、初めからその思いを知られては気恥ずかしい。少しずつ、挨拶したり、会議でお目に掛かったり、小さな企画に御原稿をお願いしたこともあった。

そのうちに、松木先生が東洋の思想に対して深い関心をお持ちであることがわかってきた。そしてありがたいことに、私の駄文にも興味を示してくださり、精神分析治療のある一面が、たとえば「無心」という日本の伝統的な思想と重なり合うと教えてくださった。

そうした重なりを予感していなかったと言えば嘘になる。しかしこちら側から言い出す勇気がなかった私を見かねた松木先生は、御自分の方から手を差し伸べてくださったということである。

私は以前から精神分析に関心を持っていた。ある時期、E・H・エリクソンの思想を研究対象としていたこともあり、たとえば「転移／逆転移」という言葉には、その訳語の問題も含めて、とても関心があった。エリクソンは転移／逆転移をみずからの研究方法の基本原理とした。正確には、転移／逆転移という存在論の地平から、人間研究の認識論を全体的に組み直す試みに挑戦しているように思われたのである。

しかし私はその「転移／逆転移」が生まれ来た原風景を知らなかった。精神分析的治療の実際を、その内側から、聴く機会がなかったのである。

そうした私にとって、松木先生からうかがう話はすべてが新鮮だった。たとえその文章を通して既に拝見していた話であったとしても、対面した言葉のやりとりのなかで、当人の口から、私をめがけて語られた言葉は、私のからだのなかに、一挙に、精神分析治療の実際を点火した。

「共感」という言葉の守備範囲に収めてよいのかどうか。先生が実際の場面で体験していると予感される地平が、とても他人事とは思えないように、あるいは、断片的には私も身に覚えがあるように感じられて、俳諧の「匂付け」のように、余情を受けてそれに応ずる言葉を添えたくなってしまうのである。

そしていろいろ質問した。しかもなぜか、まったく初歩的ことから尋ねてみたくなる。本来ならば、私のすべての質問には「今更こんなことをお聴きしては失礼なのですが」という枕詞が付くべきだった。ところが松木先生は、そうした私の問いに本気で向き合ってくださった。のみならず、そうした初歩的な問いを喜んでおられるようにも見えたのである。私は先生と御一緒して一度も防衛的になる必要を感じたことがなかった。

精神分析の実際を歩んでこられた先生が、こうした素人の的外れな質問にどうお答えになるのか。あるいは、初歩的なことから語り直される場合、何をどのようにどんなところまで明かしてくださるのか。そしてその先生が、なぜ東洋の思想に関心を持ち、哲学に敬意を払ってくださるのか。

精神分析の実際を理解するためのひとつの貴重な糸口であるように思われる。

二〇一七年 十月

西平　直

♬ 脚注のあいだにはさまる二次元バーコードから
実際の「対話」の“生の声”をご試聴いただけます。

（お使いの機材あるいはアプリケーションによってはバーコードの読み取りが難しい可能性もある事をご承知おきください）

もくじ

稽古——自分と向きあう契機

二重の見——生きている転移／逆転移

循環・往来——ワーキングスルー

機 ——底つきとタイミング

無心の対話

装幀　上野かおる
組版　中島佳那子

体験するひと――はじまりの対話

松木　『誕生のインファンティア』* という先生のご本は、とても自由に書いておられる感じがします。考えが自由に羽ばたいているというのかな……。先生がそんなふうなあり方で「いろんなものに触れてみたい」と思われているものが、形になったようなものなんでしょうか。

わたしはこの本を拝読していて、「哲人」というのはこんな思考の展開をするんだな、と感じました。「哲学者」というのは哲学を学問する人だけれど、「哲人」というのは哲学をする人だと思うんです。☆ この本の主題は「なぜ自分がここに存在しているのか?」ということですよね、先生がこの本で考えられたのは、人間の誰もが必ず思う、自分への問いですね。

西平　そうです。たとえば、お母さんになった若い女性が子育てのなかでふと感じることと、ハイデガーの哲学をつないでみたかったのです。別々に見えるけれど、じつは「地続き」である。学生たちが書いてくれる小さな言葉も、その地平においてはすべて、全部つなが

* 『誕生のインファンティア――生まれてきた不思議、死んでゆく不思議、生まれてこなかった不思議』〔みすず書房、一九九五年〕

☆ 不躾なことをいえば、西平先生が大学の先生であることに不思議さがあるし、逆に、そこに大学の豊かさがあると思う。【☆は松木】

っているように感じていたのです。*
松木　先生が出会われて、問いを向けてこたえを送れる人たちが学生だったんですけれど、それはたまたま学生だったということであって、おそらく先生の問いへのこたえは、どんな人でもいろんなかたちで振り返って持ちだすものではないでしょうか。先生の問いは、いわば普遍的な問いだと思います。
　そこにちょうど、学生という知的にも感性的にも活発な人たちが応えてくれたということがまた、この本の前半の、ある種ビビッドな雰囲気をつくってくれているんだろうと思うんです。もちろん、お年寄りだってこたえるでしょうし、子どもだってこたえるでしょうし、そういうものすごく大事な問いかけをここでされている。そこには、先生が自分自身に繰り返し問いかけた問いを熟成させて学生に問いかけているという、学生もまたそこにこたえることになったという、すごく意味深いところがあると思うんです。
西平　《子どもの頃に、自分の誕生について考えたことがある？》という問いでした。最初は『そんなこと考えたことない』とか『思い出さない』と言います。しかし《たとえば、こんなことを書いてくれた人がいたよ」と紹介すると、それに触発されるように『そういえば、熱を出して寝ているとき、考えたことがあった」とか、少しずつ思い出してくれます。浮かんでくる*というわけです。

2

「すべてが淡い霞に包まれていた子どもの頃の不思議な感覚。……大学で最初に出席した購読演習がハイデガー『存在と時間』であったことがそうした記憶に影響を与えているのかどうか。……」〔西平、前掲書、二六二頁〕

「学生たちの報告を聴いていると私たちも『自分自身の子どもの頃のこと』を思い出す。……そして今も心の深層にはその感覚が流れている。その感覚を大切にしたいと思っているのである。」〔同書、四頁〕

自分と向きあう契機

松木　いわゆる「自発的な想起☆」ですよね。あえて準備したものを出すのではなくて、先生が刺激されたかたちに反応して、自分のなかのあるものがフっと上がってくるという、自発的な *spontaneous* 想起というものなんじゃないでしょうか。そういうspontaneousな想起は、精神分析で治療者がクライエントの自由連想するものに対して、意識して準備するわけではないけれど即時に反応☆するような、そのような反応こそが「ほんとうのお互いの触れ合い」になるという考えですね。

　だから、先生の学生への問いかけというのが、それぞれ独自な想起を浮かび上がらせるような、情緒的な刺激を含んだ、意味のある問いかけだったのだと思います。

西平　情緒的な刺激ということですか……。たしかに、いまおっしゃって頂いたようなことを、理想としてイメージ*していました。

松木　ですから、われわれ的に考えると、先生から学生は、ある種、情緒がよみがえってくるような刺激を受けて、その情緒に付随する視覚的・聴覚的な記憶も当然、関連して浮かび上がってきますから、その記憶の方を語ることができたんでしょうね。というのは、記憶というのはとりわけ視覚像で浮かび上がってくるから説明しやすいですけれど、情緒というのはまったく説明し難いものだから、言語化しにくいですよね。でも、本質は情緒だ

☆「想起」はmemoryよりはreminiscenceがあてはまるように思う。精神分析家のW・ビオンは、精神分析局面では治療者は「記憶なく、欲望なく *no memory, no desire*」あれと言う。ここでの「記憶なく」は、前回までの分析での出来事・考え・感情などや既得の知識のあらゆるものを意図して思い出すな、ただそのとき浮かびあがるに委ねよ、との示唆である。

☆即時の反応の中間に、治療者の「もの想い *reverie*」が入る。

「本書における『インファンティア』は、『子どもの頃に感じた、言葉によって写し取ることのできない、在ることの不思議』である」〔同書、一八頁〕

と思います。

西平　なるほど……。たしかに学生たちは「自分の言葉が、ほんとうにあのときに感じていたことなのか、自信がない」と言います。「ほんとうはもっと違った」とか、「いまの自分の解釈にすぎないかもしれない」とか。そういう言葉や解釈の問題は毎年、出てきますし、年によっては僕もそこで立ち止まって、すこし丁寧にコメントすることもあります。

松木　精神分析で「スクリーンメモリー」という言葉があるんですけれど、日本では「隠蔽記憶」と訳されています。ある人が人生のなかでいちばん外傷的な体験として憶えているものがあるとします。ほんとうはもっと早期の、もっと外傷的な体験があったんだけれど、それは無意識に排除されていて、本人が意識化できるものが浮かんできているのです。そんな記憶をスクリーン・メモリー☆とよびます。

ですから、学生の「ほんとうにこの記憶の感じか?」というニュアンスには、本人にとっては「なんか似ているけれどちょっと違うよな……」という感覚があるんだと思いますね。たとえばあるケースで、小学校のときに非常に大きな震災に遭ってそれが外傷的だったということで、現在の自分の症状、強い不安とか抑うつを自分が説明できている気持でいることがあると思うんですけれど、でも、ずっと話を聴いていくと、じつは本人が二、三歳くらいの頃に、お母さんが親愛を抱いていたお母さんのお母さんが亡くなっていて、お母さんがそれで急激に強度の抑うつになっていて、本人にうまく関われなくて、それがほんとうは外傷的な体験だった、ということが明らかになってくるんですね。そういうとき

☆フロイトは「スクリーン・メモリー」について、論文「想起すること、反復すること、ワークスルーすること」(1914)で次のように述べている——「非常に広範に存在している隠蔽記憶の真の価値を評価することによって、『忘れること』の範囲をさらに狭めることができるのである。いくつかの事例では、得た印象によると、私たちにとって理論的に非常に重要でありよく知られている幼児健忘が、隠蔽記憶によって、完全に埋め合わされているという印象を得てきた。そこでは隠蔽記憶のなかに、子ども時代の本質的なもののいくぶんかではなく、すべてが保持されている。それはどうやって隠蔽記憶から分析によってそれを引き出すかを知るかという単純な問題なのである。隠蔽記憶は、夢の顕在内容が夢思考を適切に表現するように、忘れられた子ども時代を表現する。」〔藤山直樹編・監訳『フロイト技法論集』岩崎学術出版社、二〇一四年、六五頁〕

の「震災の経験」というのは、精神分析ではスクリーン・メモリーなんです。

西平　「スクリーンしてしまう」*ということですね。

松木　スクリーンに映像が映っているために、その向こう側の本当のものが覆われてしまっています。

人間の体験には（情緒的な意味合いとしてですが）金太郎飴的なところがあって、起こっている現象としては違っているけれど、たとえば「想定外のことが起こって傷ついた」というような情緒体験が、繰り返しその人の人生には起こり、その人は「わたしは運が悪い」と意味づけます。これを「反復強迫」とフロイトは言っています。☆その感情にある記憶がつながっているわけなんですけれど、それはじつは多重な記憶の層とつながり得ているものなんですね。そして、ある記憶とつながったより早期の情緒が治療者とのあいだで展開されてくるという過程のなかで、最終的には（記憶の問題ではなくて）治療者とのあいだでの情緒体験の問題として扱うんです。

西平　なるほど、その違いは重要ですね。

松木　記憶の修正というか、抑圧された記憶をよみがえらせて、オリジナルな体験を再構成するというのが、フロイトが精神分析の方法として強調したもののひとつです。たとえば狼男で、クルミの樹の上にオオカミが乗って彼を凝視しているという有名な夢がありますが、あれは「一歳半のときの狼男が両親の原光景《primal scene》*を目撃して、のちに四歳直前にその意味合いを実感したときに初めて外傷になった」というように事後的な心的作用を再構

screen
A row of trees screened our view.（並木があってその先が見えなかった）
The fence screens our house from view.（私たちの家は塀に囲まれて人目を遮っている）
The curtains screened out the sunlight.（カーテンが日光を遮っていた）
His desk is screened off.（彼の机は衝立で仕切られている）

☆精神分析がもたらした人間理解のひとつは、「人は無意識裡に、過去から築き挙げてきた対人的な思考・感情・行動のパターンとストーリーを強迫的に反復している」とのことである。その過去は、乳幼児期の母子関係にさかのぼる。

子どもが実際に観察したり、いくつかの手がかりから推測したり、または想像したりした両親の性交場面の光景のこと。

成していったわけです。そのような作業を、神経症を初発の病態から改善する方法だとフロイトは考えていたんです。

もうひとつの治療ルートが〈転移〉☆で、治療者とのあいだに持ち込まれた「転移された生の情緒」を扱うということです。今日的な精神分析では、その両者を頭には置いているんですけれど、ただ転移を扱うほうがずっと比重が大きくなってきています。

西平　転移は情緒としてのレベルで……。

生きている転移

松木　だから、その人がある種、葛藤といいますか苦しさといいますか、そういう感覚を含んだ情緒というものを人生の早期に体験していて、その後、機会があれば繰り返し体験し続けているところではあるんですけれど、その起源を掘り起こし、腑に落とすというのが「再構成」なんですね。

再構成を試みるのではなくて、その情緒はいまもその人のなかにビビッド*にあって、それが無意識に治療者とのあいだに持ち込まれていて、そのビビッドな情緒そのものがそこに動いているところで、治療者とのやりとりのなかで、その情緒を本人が見つめます。それまでは充分に意識化できていない、見つめられていないものなので、見定めて「それを自分のこころにどのように置くか☆」という作業を治療者と一緒にしていくというのが、「転

☆今日的には、その人のこころの世界の構成と構成要素（内的対象や感情・思考）がそのまま外界に物語的に実在化すること、と理解されている。その意味で、転移は反復強迫である。

vivid
a vivid personality（溌剌とした人柄）
the vivid green of spring foliage（春の木の葉の目の覚めるような緑）
a vivid description（迫真の描写）

移」を取り扱う技法の軸なんです。

西平　「ビビッドな」と表現されるのですか。

松木　日本語で表現するのが難しいんですね。「いきいきとした」というと、なんとなく「元気がある」ような感じがしてしまいます。

西平　まさに「記憶」ではないということですね。いま現在、まざまざと……。*

松木　たとえばクライエントになにかきっかけがあったときに、本気で治療者を憎んだり、本気で治療者に愛着したりする、そういうかたちです。

西平　そのばあい、先生は「体験」という言葉を使われますか？

松木　転移体験……。おっしゃるように、本質は体験です。

西平　記憶ではなくて、ビビッドな体験。なるほど。reality とか actuality* も、日本語になると「現実の」というのでしょうか。難しいですね。

松木　だから、分析の世界であまり広く使われているわけではないんですけれど、最近、わたしが分析体験を表現するひとつの言葉として、actualization* があります。日本語で「現実化」と訳すと realization と一緒になってしまうので、別の訳し方をすると「実在化」ということになるんですけれど、これは日本語に馴染みません。actualization というのをどう日本語にしたらいいのか、いま悩んでいるところなんです。つまり、その人のビビッドに保持されている感情やストーリーを治療者とのあいだで actualize するのが〈転移〉だということ。realize するのではなく actualize すると思っています。

☆生きている、その様

real　偽物や架空のものではない
a real illness（本当の病気）
I felt real sympathy.（心から同情した）
real life（実生活）
His story became real.（彼の話は迫真的になった）

true　実際と一致している
a true story（実話）
true gold（純金）
a true friend（誠実な友人）
a true copy（正確な写し）

actual　実際に存在する
an actual example（実例）
the actual state（現状）

actualization　ロンドン大学教授だった精神分析家の Joseph Sandler が提示した分析用語。

西平　それこそナマの体験として、現在進行形ということですね。★英語で「ビビッドにする」という動詞はないですか？

松木　それは無いような気がしますね。形容詞しかないような気がします。

西平　ややこしくなって申し訳ないですが、「ビビッドな体験ないし情緒」ということと、それが「クライエントに意識化されている／いない」ということは、どういう関係なんですか？

松木　クライエントが意識的に転移をactualizeしようとしているものではないんです。それは分析設定内で繰り返し両者が出会っているなかで、いわばクライエントのなかから現われてくるものというか、現われてきてしまうというか……☆。だからそれは意識的な表出ではありません。そういう意味では、無意識的という平凡な言葉になるのかもしれないですけれど。

西平　少なくとも意図的ではないですよね。しかし、その「体験や情緒」に本人が気づいているかどうかは、ここではあまり大きな問題ではないということでしょうか。

松木　本人が気づかないところで、転移は起こってきます……二人のあいだに。あるいはクライエント自身が特異な情緒と思考の自分をそこで現わし始めるし、そういう自分に対応する相手＊として治療者を見るようになってきます。そうなってきたものがずっと展開していくのを、治療者は見守るわけです。

だけれど、ある時点からは、二人に何が起こっているのか、いま二人に起こっているこ

★「ビビッドに保持されている感情やストーリーを治療者との間でactualize する」という時のactualizeはいかなる日本語に対応するか。過去の記憶が再現されるのではない。今ここで生じているナマの感情として体験される。英語の動詞actに含まれる「身をもって演じる、ふるまう、実演する」などの意味合いを強い。しかし「身をもって演じることになってしまう」という何らか受動的な意味（恩恵を受ける・被害を被る）を含意するかどうかは微妙である。【★は西平】

☆たとえば『私は怒っていません』と本人は言っているが、対応する者にはその人の表情・態度・発語の仕方から「強い怒り」があからさまに感知されることがある。この場合、その本人には「怒り」は、（少なくとも当初は）意識化されない。

＊「治療者は、転移のなかを生きつつ、それをそのひとと見て、考え、解釈する。」〔『こころに出会う』創元社、二〇一六年、六三頁〕

とをクライエントはどういうこととして捉えているのか、を治療者が伝えるようになります。それが「解釈」です☆。そこにおいてクライエントは、これまで意識しなかったものを意識するようになるのです。もしくは望ましくは、クライエント自身が気づく。

西平　まず「体験させてしまう」と理解してよいですか？　あるいは「活性化させてしまう」と……？。

松木　そうですね。われわれは「分析の設定☆を確実に維持していたら、転移過程は自然に起こるもので、それを治療者が妨げないことが大事だ」という捉え方をしています。もちろんクライエント自身も「そういう自分が不安や苦痛に思うもの、出てくるとどうなるかわからない怖いものは、出したくない」という思いがあって、抑えたい気持が起こるわけです。それを「防衛」とか「抵抗」というのですけれど、クライエント自身も、自分のなかでせめぎ合いをしていながら、それでも、分析の設定が維持されていて二人の関係が続いていれば、出てきてしまうのです。

☆精神分析での「解釈」は、クライエントの発言の意味を治療者のなかで判断・理解するだけでなく、伝えることを含む。

☆分析の設定は〈外的設定〉と〈内的設定〉に分けられる。外的設定は「場の設定」「時間的構造」「治療構造」「対面か仰臥か」といったもの。内的設定としては、治療者の態度やあり方、たとえば「中立性」「禁欲」「受け身性」「匿名性」が挙げられる。

クローズドな世界をたゆませる

西平　とても面白いです。とりわけ、「関係が続いていれば」という点がとても重要なように感じます。

松木　精神分析に時間が必要なのは、そのためなんです。自然に出てこないと、それが本人が実感するものになりませんから……。出てきてもいないのに、「あなたはこういうところと、こういうところで、こういう見方をしているから、これを変えなきゃいけないよね」というのは、知的な頭の操作です。認知療法というのはそういうことをするわけです。でも、それでは本人の本質的なこころの苦悩には関わっていない、とわれわれは考えるのです。本人の意識水準で捉え操作しているところである、と。

認知療法というのは治療期間として三ヵ月から半年ほどあると思うんですけれど、その間に改善を認めるけれども、その後、長期的に見れば変化は維持されないことが多い、と聞いています。☆かたや分析的な治療では、その後も本人が変化していくところが続いていくといいます。そういう違いがあるとすれば、そこでは、治療での二者の関係の質がすごく異なるということだと思います。もちろん精神分析では、時間をかけてつくり上げる、情緒的に濃密な関係になるわけです。☆

西平　どこかの時点で解釈を入れる。沈むだけ沈んでゆき、アモルフになっていくのを、どこかで形にするという感じでしょうか?。

松木　いや、むしろアモルフ*になっていっていいんです。そうなっていけたらいいのですけれど、人間というのは、まとまりを失うことがすごく怖いから、そこにブレーキをかけてしまうんです。壊れないようにしようとするんですよ。形を取り戻そうとするんですね。そこで解釈が挿入されます。

西平　なるほど、そういうことですか。そのとき『ブレーキをかけていますね』と言葉で指

☆実際の研究論文を読んだことがないから、これは見聞である。

☆「関係の内在化」と表現される、治療者がそのクライエントのこころのなかに置かれ、内的対話がなされる関係が創られる。

* amorph——無定形態

摘したりすることはないのでしょうね。

松木　はい、もちろんですね。ただ、『いま、あなたは○○が苦しくて、そこには触りたくない気持でおられるし、そういうあなたをわたしが非難しているように感じられているのでしょう』とか、ブレーキをかける動きを緩めさせようというはたらきかけです。☆

西平　「身体のレッスン」に近いものを感じます。トレーナーに身を委ねるというのでしょうか……。たとえば、トレーナーにからだを支えてもらって、「どこに力が入ったか」だけを伝えてもらうレッスンがあります。力を入れてはいけないのではなくて、どこに力が入っているかだけ指摘してもらう。そのレッスンをしていると、自然に、からだがゆるんでゆくのです。聴いていてそれを思い出しました。でも、その方向に進んでゆくと、ますますゆるめてゆき、融かしていくことになるのでしょうか？

松木　まとまりがなくなっていきます。人間というのは内に、常に「まとまって閉ざされた自分の世界」をつくり上げているじゃないですか。☆クローズド・システムで世界観をつくり上げている。そして、そのクローズド・システムの世界観★に外の出来事を当てはめて、ものごとを見ているじゃないですか。そうしたクローズドな世界を、精神分析はたゆませて、いくわけですね。たゆむだけたゆませないと、自分の世界（観）をつくり直すときに、根本的に、つぎはぎでない仕方でつくり直せるところには辿り着けないのです。

西平　「つぎはぎでない仕方で」……いい表現ですね。

松木　そうでないと、つぎはぎのつくり直しになってしまいますよね。クローズドな世界を

☆精神分析の学派によっては『ブレーキをかけていますね』という指摘をおこなう。それは「抵抗分析」と呼ばれる。私はそれは荒い対応と感じるので使用しない。

☆別役実は「虫について知っているということは、それについての体系を持っているということ」であることを書いている。（『虫づくし』ハヤカワ文庫、一九八八年）

★この「クローズド・システムの世界観（まとまって閉ざされた自分の世界）」をエリクソンは「アイデンティティ」と呼んだ（この場合、正確に言えば「心理社会的アイデンティティ」である）。ということは、精神分析の体験は「アイデンティティ」をたゆませ・ゆるめる方向に向かう。エリクソン自身は、その「たゆませ・ゆるめる」方向を、beyond identityという用語で論じたが、それは社会理論としてのみ展開され、個人の心理的経験に即して論じられることはなかった。

つくり上げることに深く関与している本人の中核的な情緒的体験がありうるし、それに関連した出来事があるはずなんですけれど、その中核的な体験そのものを捉え直す作業に行き着くようなたゆみ方までにならないと、そこまで行かないうちに再構築してしまいます。家の改装で喩えれば、キッチンだけ改装してその家全体は手つかずのままになっているような状態ですね。この喩えなら、その家全体に手をつけるような改装でありたい、ということでしょうか。

　そのためには、まとまりがあって、それまで確立されていたクローズドな世界が、まとまりがない形に成れるだけ成るに越したことはないんです。でも、それはすごくリスキーで、不安になることですね。☆当人はもちろん不安になるし、治療者も当然ながら不安になります。たとえば、そのまま「まとまりがなくなってしまった状態」つまり精神病状態に至らないか、という強い不安を抱くことも当然あるわけです。でも、そこに至らないと、世界観あるいは人間観をほんとうの意味で変える *transform* ことはできないものなのです。

どこまでも落ちていく

西平　うーん。そこまでたゆませてゆくのですか……。その「行き着いた地点」を何と呼ぶのでしょうか?。

松木　たとえばビオンは、そういう変化をcatastrophic changeと言っています。その不安の

☆村上春樹はインタビューで述べている（『夢を見るために毎朝ボクは目覚めるのです』文春文庫、二〇一二年）。もっと奥まった空間である地下階に隠れた別の空間があり、入るのが難しい場所だが、簡単には見つからない秘密の扉から入っていくことになると言い、「その内側に何があるかはわからず、部屋のかたちも大きさも分かりません。暗闇に侵入したあなたはときに恐しくなるでしょう」と続けている。ここに記されている体験と近いところはあるが、村上の記述は自己内で完結する体験であるので、制御がかかりやすい。

ことをcatastrophic anxiety*と言っています。おそらくクラインがfear of annihilation*と言っていることと同じ性質の不安だと思いますし、ウィニコットはfear of breakdownと言っていますかね。ウィニコットは別の言葉で、falling foreverと言っていますね。「底なしに落ちていく」という……。☆

西平 ほんとうにそんな感じでしょうね。もはや自分ではどうすることもできない、融け出てしまって、まとめようがない。でもそのばあい「だいじょうぶ、最後には必ず浮かぶ」という信頼をもつのですか? このまま落ちていっても、どこかで止まる、「必ず浮かぶ時が来る」という信頼感というのでしょうか……。

松木 治療者はクライエントに信頼を置きます。要するに〝底つき〟というポイントがあるということです。ただ、信頼するためには、その人と分析の関係に入るまえの「アセスメント」が非常に大事になります。そのアセスメントにおいて、この人は不可逆的な精神的な破綻を起こすかもしれないと思ったら、分析の関係に入らないことになります。

西平 なるほど。

松木 かたや「この人は大丈夫だろう」ということなら、始めることになります。ただ、それでも途中では「最初のアセスメントが間違っていたのではないか?」「もうこの人は、このまま戻れなくなるのではないか?」というすごい不安を、治療者も一緒に抱えながらいくことがあります。「自分の判断が(アセスメントが)間違っていて、このままこの人は、まとまりがないままになってしまうのではないか……」という、すごい恐怖を抱えながら会

catastrophic anxiety「破局の不安」――名前を欠いたひどい不安dreadを体験するという…。

fear of annihilation「壊滅とか破滅の恐怖」――考えることができない不安、破綻の恐れを体験するという…。

☆要は、バラバラになり収束がつかない状態を表している。ビオンはそこで、break up, break down, break through, break in, break outと、その展開を例示している。

い続けることがあります。

西平　どのくらいの期間続くのですか？

松木　二、三ヵ月で、あるいはもっと短く終わるときもあれば、一年以上続くときもありますね。週にどれくらい会うかは、一回から五回まで、ケースバイケースです。ですから、ケースによって頻度が異なるので、何回とは限られませんけれども……。いずれの頻度にしても、一年半も続いたりすると、かなり苦しいですね。

クライエントもやっぱり、治療者への信頼がないと、そこに一緒に居られませんよね。その信頼がない人は、そうなる前に『もう元気になりましたから、もういいです』と言って終わってしまうということがありますね。それはかつての精神分析の表現では（E・フロムの言葉でしょうか）「現実への逃避*」ということです。あるいは、分析セッションに来られなくなってしまうことも、ないわけではありません。

世界が壊れていく

西平　あらためてfalling foreverですけれど、そのとき治療者は待つしかないのですか？

松木　共にいるということです。ウィニコットはholdingという言葉を使っていますが*、その患者を治療者がしっかりホールドしておくということです。ところが分析治療的な発想からは、「お母さんがホールドしていたんだけれど、ホールドに失敗した時があったから、そ

* 一般には現実を避けることを「現実逃避」と呼ぶことが多いが、防衛機制としての「逃避」には「現実への逃避」「非現実への逃避」のどちらもあると考えられる。

* Winnicott, D.W.「親と幼児の関係に関する理論」(1960)

の患者はfalling foreverの恐怖をもっている」ということを考えるのです。そして、治療者との関係でも、転移の状況下で治療者が落とすという外傷場面そのものがactualizationされるのです。

たとえば治療者が寝坊して朝のセッションに遅れて行って、患者が面接室に入れなくて雨のなか外で待っていたとか……それが「落とされる」ことの実在化ですね。二人の関係のなかでactualizeしたところで、落とされた経験をまさに治療者と患者がそのまま分析で体験したことになるわけです。大事なのは、そこをどのように二人ともがやりくりしていくか＊ということであって、「落とさない」ことではないんですよね。そこで落とさない「好ましい治療者」であり続けて、落とさない体験として治療者が積極的に明示して、「ああ、今度のお母さんは落とさなくて、良いお母さんだ」と患者が受け取るなら、それは修正感情体験☆ *corrective emotional experience* といいます。

もちろん、「今度のお母さんに抱えられる」ということが前提です。けれども、いちばん破局的な経験は「落とされた体験がある」ということですから、落とされた体験をクライエントが治療に持ち込むことを容認する必要があります。「落とした治療」に対して（たとえば遅刻して患者を外で待たせて）、そのことを患者が『先生はわたしを大事にしていないから来てないんだ』とセッションで激しく怒ることも、当然あってよいことです。

そのときに『いやいや、わたしが悪くて申し訳ありませんでした』と謝罪したら、それは「非を認める良い治療者」としての姿を見せることになります。そうではなくて、非難

＊「……この実演されている『環境の失敗』を……肯定し直視しながら……患者の破壊的攻撃を受けながら、患者とともに生き残ることで、創造的に患者の〈本当の自己〉が活動する機会を存分に提供するのである。こうしてその〝パーソナリティ〟は、そのひとらしく生きていくことを実現する。」（松木邦裕『こころに出会う』一五一頁）

☆心身医学の創始者のひとり、ブタペスト出身の精神分析家フランツ・アレキサンダーが提示した用語――「その患者が過去に体験できなかったよい対象を治療者が提示すること」。アレキサンダーはクラインに敵対した人で、ナチスの迫害でシカゴに移り、シカゴ精神分析協会を設立するとともに、シカゴ大学教授になった。

をそのまま『あなたはわたしにすごく腹を立てて、「わたしがあなたを大事にしていない」ということで憎んでいます』と受け留めるのです。それが「落とした事実を消してしまわない（そういう体験を一緒に生きる）治療者だ」というのが、ウィニコットの対象関係論的な考え方です。☆ 一方、治療者が遅刻してまずかったのだから「非を認めて患者の思いに寄り添うのが治療者のあり方だ」というのが、どちらかといえば自己心理学*とか、アメリカの分析的な対応に見られる考え方なんですね。

西平 わかるように思います……先ほどの falling forever。

たとえば博士論文の指導をしているときに、院生が「拡散」してゆくことがあります。論文を積み上げていく方向に対して、逆に、枠組を壊し、話をバラバラにしてしまう。でも長いタイムスパンで見れば、それこそ、既存の枠組を広げ、自分の地平を根底から変えようとしていることになる。しかしそのまま壊し続けたら、論文として完成しない。こちらは、待つのがよいのか？　どこかで「戻って来い」と連れ戻すのがよいのか？　だからそういうばあい、さっきのアセスメントではないですけれど、常にこちらが試されるように感じます。

松木 おそらく先生は、「この学生なら、いまはこうなっていても、なんとかどこかでまたまとめる動きに入ってやってくれるだろう」と思われるなら、そのまま見守っておられるのではないでしょうか。「この学生はちょっと力的に難しいな」と思われたら、入っていかれて、少しまとめる指導をされたりもすると思います。やっぱりアセスメントをされてい

☆ 失敗をしない理想的な母親ではなく、失敗もするほどよい母親。

＊ 自己心理学の創始者ハインツ・コフートはシカゴ精神分析協会で訓練を受けた。シカゴ精神分析協会で訓練を受けた人に、メニンガー・クリニックを始めたカール・メニンガーがいる。

るんですよね。そしてそういう状態を、その学生が研究テーマについて、ある種クローズドな世界観で捉えてしまっていたのがたゆんできているところとして、先生は「こういう時期がないと始まらないよな」と思われて、見ておられるのではないですか。

西平　ほんとうにそうです。クローズドな世界が溶けていく感じ。

最初は少し揺らぎ、少し膨らむ程度だったものが、徐々に大きくなり、収拾がつかなくなってしまう。賭けのような気がします。『もうこれ以上、進まないほうがいい』と言うべきなのか。『もうひと越え、やってごらん』と言ったほうがいいのか。でも下手をすると、あと一年、遠回りさせてしまうことになる。

先生はアセスメントとおっしゃいましたが、どこかで、こうした賭けのような部分はありませんか？

松木　賭けといえば賭けなんですけれど、もちろん分析のプロセスのなかでアセスメントもしばしば見直します……当然ながら。「持ちこたえる力がないと思っていたけれど、思ったよりは力があるようだ」と気づくこともあれば、その反対のこともありますから、アセスメントを再検討するわけです。基本的には賭けにならないようにしようと心掛けて関わっているんですけれど……、実際には「賭けみたいな」という表現も当てはまらざるをえない、ということはありますね。別の表現をすれば、こちらの責任ですね。

西平　そのばあい、責任といいますか、アセスメントを修正し事態の収拾を図るという側面と、一緒に溶けていく側面があるのでしょうか。

松木　そうですね。だから本来的には、赤ちゃんについてお母さんが責任を負って世話をしているのと同じで、普段はお母さんは「責任」を強く意識しているわけではないと思うんですけれど、本来こころのどこかに責任を感じて世話をしていると思うんですよね。それと同じように、「責任」という重いものを、当然、わたしたちは背景に置いて分析を始めています。分析に導入している以上は、わたしたちの責任が基本的にはあるのだから、その責任をどう全うするか、です。もし分析の途中にその人が精神病性のブレークダウンを起こしたら、それは、われわれはその責任を全うしていないことですから、そこはすごく真剣な思いのところです。☆

☆「分析体験は航海をしているようです。両者が嵐に見舞われているのですが、そのうち一人は嵐に耐えられません。これは、見えない嵐なのです。患者の精神分析は、情緒の動揺を引き起こします。時にかなり情緒の動揺を引き起こすので、面接室にも収められなくなります。波は、患者の夫や妻、子どもたちなどに波及します。ですから、波が分析家に及んで当然なのです。この大荒れ、荒れ狂っているこの嵐を知らずして、船乗りや海兵でいられないように、分析家でいることは出来ません。」〔Wilfred Bion: Clinical Seminar. Sao Paulo, 3, 1978〕

稽古

——自分と向きあう契機

「自分と向き合う」という言葉が、この対話のキーワードのひとつであったことは間違いない。精神分析は、クライエントの痛みを取り除くために援助するのではなく、クライエントが自分の問題と向き合う機会を創り出そうとする。そうした発想に私は大いに共感した。しかし、それは厳しい道ではないか。そこで私は、さまざまな場面でその点について尋ねた。たとえば、そうした課題は「自我を鍛えること」と理解してよいのか。あるいは、稽古や修行の発想に近いのか、どこが違うのか。

もう一点、「リフレクティブな自己」という視点も、とても興味深かった。自分と向き合い、自分のことを見ることができる。とすれば、それは「自分のことを気にし過ぎる」ことにつながりはしないか。では、「自分と向き合うことが大事である」、しかし「自分のことを気にしすぎるわけではない」という、その関連をどう理解したらよいのか。

日本の伝統思想が“無心”という言葉によって提起した問題を、精神分析は「自我」という言葉を手がかりに解きほぐしてゆくように感じられたのである。

西平（以下おなじく）

Tadashi Nishihira | *Kunihiro Matsuki*

対話その一

精神分析は〈自我〉に注目する。フロイトによれば〈自我〉の機能は「現実原則に従う二次過程」、つまり現実社会のなかで注意したり・記憶したり・考えたりすることである。そのなかでも「現実を知覚して考える」ことの必要を強調したのがビオン（Wilfred Ruprecht Bion, 1897-1979）である。ビオンは「二次過程を強化」を精神分析の使命と見た。つまり「自我機能を強化すること」を精神分析関係の目標と見たのである。【西平――以下同じく】

西平　「自我機能」の問題を、ぜひうかがってみたいと思っていました。エリクソンも*〈自我〉に注目しました。ですから「自我心理学」といわれるわけですが、しかしこの自我という言葉はなかなか正確に理解してもらえません。自我というと「エゴイスティック」、と否定的に理解されたりします。精神分析の歴史のなかでも、この自我の機能をめぐってさまざまな理解がありましたね。先生がビオンに即して語られた自我は、単なる防衛の機能ではないですね。

* Erik H. Erikson（1902-1994）は、アメリカの発達心理学者・精神分析家。「アイデンティティ」の概念、心理社会的発達理論を提唱した。生まれはフランクフルト、母はユダヤ系デンマーク人、父親は定かではない。後に、アンナ・フロイトの学校で教師をつとめ、アンナの弟子となり、教育分析を受ける。一九三三年に渡米。
cf. エリクソン『アイデンティティとライフサイクル』〔西平直・中島由恵訳、誠信書房、二〇一一年〕
西平直『エリクソンの人間学』〔東京大学出版会、一九九三年〕

松木　おそらくいちばん大事なことは、いま話題にしている〈自我〉とは、意識的に強化しようとして強化できるものではない、とのことではないでしょうか。体験とその意味の吟味の繰り返しのなかで結果的に強化されるものなんです。結果的に強化されて初めて、「自分に力を感じる。このままの自分でよいようだ」という思いに至るものでしょう。

「自我心理学」*が精神分析らしくなくなったひとつの理由は、ハルトマンの「自律的自我」という発想があるように、自我を意識的に強化できるかのような健康心理学に似たものを持ち込んだことなんです。そこから精神分析らしくなくなって、それをラカンが厳しく批判しました。*

無-意識で非-常識なわたし

松木　自我を強化しようなどと標榜されますと、それは意識心理学で常識心理学になってしまいます。でも、指示して教育すれば自我が強化されるかというと、必ずしもそうではないわけですね。そう単純ではないというのが、精神分析体験が示しているところなんです。「わかっちゃいるけど、やめられない」という、むかし流行った歌がありますが、精神分析でいう「反復強迫」「無意識からの衝迫」ですが、それは誰のなかにも何処かにあるものです。教育にけっして従いません。一部の人では、賭博や薬物、性的逸脱のように、それが人生を破滅に導きます。

自我心理学は「無意識」よりも「自我」を重視し、アメリカの精神医学においてスタンダードになるほど、心理学一般に受け容れられた。日本では古典的な精神分析として、あるいはH・ハルトマンやE・エリクソンの理論として紹介されることも多い。

ラカンの思想は、自我を強調した「自我心理学」批判を基盤としている。

西平　結果としての自我の強化ですか。

松木　そうですね。有能さ、有能感の向上です。おそらくアメリカであれだけ精神分析が興隆したのは、常識心理学のほうに持っていったから、皆がわかった気分になって、「あぁ、これはわかる。すごくいいぞ」ということで流行ったんだと思います。☆

でも、それは精神分析の本質とは違っていたから、現実には「分析家が言っている理論のようには、自我は強化されないようだ」と醒めてきて、だんだんすたらざるを得なくなったと思います。認知行動療法やコーチングも、自我心理学の「自我の自律性」と同じ発想で、意識的に操作できる自律的自我を強化すればいいと言っているのです。こうした「意識的な自我操作で人は変わることができる」として、歴史的にもさまざまな治療法が提出されてきました。わたしにはそこに、人間のもつ無意識的な万能感が潜んでいるように見えます。「わたしはちゃんと気づくこともできれば、それをコントロールすることもできる人間です」という万能感です。

西平　エリクソンは、その過渡期かもしれません。

松木　エリクソンの研究が学部生とか大学院生の研究によく使われるじゃないですか。よく使われる側面は、共通感覚として収斂される「正常心理」の部分ですね。その箇所を引っ張り出して、データを検討するときの指標にするという使われ方になってしまっています。でもそれは、おそらくエリクソンが自身の精神分析臨床体験から導き出したものとは、本質的にまったく異なる使われ方であると思います。

☆「常識心理学」「正常心理学」に近づけるほど、社会に広く受け容れられ、大衆の評価が高まることは、今日も同様である。ただしそれは、人間を平坦化するので、人の実体からは遠ざかる。【松木】

西平　すると、一方でわかりやすい「自律的な自我の強化」の話があり、もう一方で「回復させるために治療をおこなう」という発想があり、精神分析というのは、この狭間というか、この両方のどちらにも傾かないということでしょうか。

松木　そうですね。広い意味での臨床精神分析はそうだと思います。

たとえば精神分析でも「自己心理学*」といった流れでは、「よい関係を提供して、それがナルシシズム的☆であっても、その人の良いところを伸ばして社会的対人的適応がよくなれば、それが良いことではないか」という発想があるように思えます。これはもともとアメリカ文化のもつ「社会でのよい適応」を是とする発想から来ていると思いますが、その発想は基本的に「多数が共有する何かに合わせて、心地よいものをたくさん得よう」という発想だと思います。だから外的現実への適応を強調したとき、精神分析のもつ保守的な側面には、その論理で動いている部分もあるわけです。だけども、精神分析の本来の方法を追究していくとき、適応力を高められる自分や有能な自分を獲得していくのではなくて、むしろ限界をもつ自分を認識し、「失っているもの、欠けているもの、わたしたちの意識的な活動では及ばないものにどう対応するか」に行き着くと思います。

わたしたちは、自身の空想では万能です。空想世界に限界はありません。ファンタジー芸術がそれを表現しています。一方、現実世界は限界をもちます。ネイチャーであるわたしたちの身体には（自然災害に想定外のことが起こるとしても、そこには法則がありますから）限界があります。この限界・欠落をいちばん極端に言ったのがラカンで、「人間は生まれ出てきたと

自己心理学は、自我心理学から分派した精神分析で、「健康な自己」というものが想定され、「三つの部分」の損傷から病理を把握する。〔cf.H・コフート『自己の分析』一九七一年——みすず書房（新装）一九九四年〕

☆今日〈ナルシシズム〉は精神分析内でも大きく意見が分かれている概念である。米国自己心理学では「正常発達」に位置づけるが、英国クライン派は「病理現象」と捉えている。

きに主体としての自分を失っている」ことを主張しているようです。* 人が生まれて成長（つまりその文化に適応）していくことは、父の名のもとに去勢されていることである、と。すなわち、既存の人間世界に組み込まれていくだけであって、それ自体において本体を失っている、と彼は言っているように思います。体験の実感として確かなことに感じます。ただ、彼は一神教的に、彼に従えば別の万能を獲得するかのような知的ナルシシズム領域を強化するようです。

なにかが欠けているわたし

西平 根底に欠落があるのですか。

松木 分析を求めて、あるいは紹介されて来る人は、本来的に「なにかを失っている」「なにかが欠けている」ことを感じていて、そのなにかの喪失や欠落に苦しんでいます。それにこだわりたいのかこだわりたくないのかは別として、こだわらないではおれなくて苦しんでいるのです。そして分析に来たときに、分析のなかで、曖昧に実感していた自己の真実、つまり失っているということを改めて意識していきます。すると、なにを失ったかということが浮上してきますね。

「なにを失ったか」を模索していくことが、わたしたちが「自分にとっての現実・真実がどうあるのかということを見つめる作業」*に取りかかれるようにしてくれると思います。で

* 「愛するためには、あなたは自分の欠如を認め、あなたが他者を必要とすることに気づかなければなりません。あなたはその彼なり彼女なりがいなくて淋しいのです。己が完璧だと思ったり、そうなりたいと思っているような人たちは愛し方を知りません。」〔ジャック＝アラン・ミレール「ラカンの愛の定義」〕

* 「私の考える心理臨床とは、何らかの深刻な〝生きづらさ〟を抱えて生きている目の前のそのひとを理解し、その苦悩・苦難に圧倒されてしまわずに主体的に生きていくことを援助するために有用な、パーソナルな人間的関与の実践です……。」〔松木邦裕『こころに出会う』創元社、二〇一六年、一二四頁〕

も、「なにを失ったか」がわからなくて、あるいは、失ったものを誤認して対処しようとすると、それは影を追いかけ、つかもうとし続けることになってしまうから、いつまでも、空しく生きづらいままです。そういう空虚な状況にはまり込んでいることに何処かで気がつくことができるなら、分析を求めて来る動機が生まれます。

ただ、他のやり方でその「空しさが圧倒している生きづらさ」を処理してしまう人たちがいます。薬物依存、賭博依存とかの嗜癖症や性倒錯の人たちですね。☆ その人たちは、空しさを激しい興奮を伴う快で一瞬見えなくしてしまう処理の仕方をもっているから、それに虜になるゆえに、「生きづらさを真から解消しよう」という気持はもう持たなくなります。分析を求めてこなくなるわけです。あるいは、精神病、統合失調症の病態☆のように、それは意図してではなく心的機能の崩壊ゆえにですが、現実世界を空想で書き換えてしまうと、生きづらさの質がぜんぜん違ってしまうから、求めてくることもなくなってしまうことになります。

西平 その意味では、精神分析は厳しい道ですね。厳しいというのは、自分を鍛錬しようというのか、自分と向き合い、自分を受け容れるという辛い課題を引き受ける道である。

松木 「自分がよりよく生きるためには、自身と向き合うことが必要だ」ということが実感されるなら、そこに内的動機が発生します。「したくないけど、しなくちゃいけない」と強いられている感覚なら、苦しい鍛錬ですね。おそらく修行もそうだと思うんです。最初は意欲的、途中からはただ苦しいだけだけれども、ある時点でこの修行をすることが自分に

☆これらの病態を「こころの倒錯」とみる。対象喪失の喪の仕事 *mourning work* の遂行を回避し、刹那的な「快」の強い興奮で隠蔽する。万引き癖もこれにあたる。反復して「快」の強い興奮を呼び起こし続けるために、嗜癖・依存に至る。

☆こころの解体・崩壊の感覚と恐怖がその本態である。

ほんとうに意義があるとわかったら、むしろ、苦しいがゆえに余計に修行に励んでいきたいと思うのではないでしょうか。*

西平　その両面は、いつもせめぎ合っているといいますか、表裏のように感じられます。

人生は、修行・稽古の場なのか、快と楽を集める場なのか、おそらくどちらもの場なのであろう。

しかし、両者の比重は人により異なるものであろう。それはその人が、乳児のときからそれまでの人生を、どのような生物としての素因のもとに、どのような境遇で、どのような思いを抱いて、生きてきたかに因るのではないかと思われる。それらが、その人自身の真実である。わたしには、人はこころの何処かに、ただ快と楽を得ようとするだけではなく、いくらかでもましな自分でありたいという希求を抱いているように思える。その希求を受け入れることができるとき、「修行」「鍛錬」が、こころに居場所を得られるのではないかと思う。（松木）

「まず、この修練が初心の私たちには必要です。このいわば『相手の在り方に没入する』修練です。これは逸れ易く、練習する必要があることなのです。……これはひとりでもできる修練かもしれません。しかし、そこに指導者がいるなら、習得が早くなるものです。」（松木邦裕、前掲書、九五頁）

対話 その二

相手のためになる、他人のために働く、他者を援助する。そうした態度をめぐり、話はキリスト教や仏教に広がるが、話の焦点は、精神分析が単なる「援助」ではないという点にある。

西平　援助職になった人は、また違う意味での問題を抱えるのではないですか。たとえば「良い母親」になろうとしてしまうとか。

松木　そうだと思います。「良い母親」がいることが人生でとりわけ大事なことだと思うでしょうから、「良い母親」を自分が提供することがクライエントにとって良いことだ、と思うでしょうね。☆ それはそれで、善人の態度としては良いのかもしれませんし、提供された「良い母親」からこころの糧を得る人たちもいます。ただ、それでは解決しない人たちがいます。そのことは、ただ「良い母親」であり続けようとする人たちには理解できないでしょうね。「良い母親がいるのに何が足らないんだ」という憤りの強い思いになりそうですね。

☆ウィニコットは〈ほどよい母親 *good enough mother*〉であることで適切と考える。「良い母親であること」と「良い母親であろうと心掛けること」は異なるだろう。後者は、そうでない自分を認めている。

西平　その点は、たとえばキリスト教の「宣教」の問題と重なるように思います。素直に信じることができる人が、信じることができない人に向かって「かわいそう」と見る。そして「助けたい」と思う。信じることができるように援助したいと思う。

松木　そうなんでしょう。実際、キリスト教系の方で、憐れまれる立場にすごく抵抗を示される方がいらして、普段はたいへん他人に優しい、人を憐れんでおられる方でしたから、こういうあり方があるのかと思ったことがありました。

西平　仏教の「慈悲」*というのはもっと複雑というのか、逆にシンプルというのか、いつも、ふたつの側面をもっているように思います。一方では「人には構わない」という側面があります。でももう一方では、それこそ「慈悲のこころ」があって、その相反する両面があるので、宣教とか伝道とかいう他者へのはたらきかけは、少なくともキリスト教のようなかたちでは前面には出てきません。

松木　そうですね。キリスト教のほうが、はるかに構いますものね。慈善活動が、仏教よりキリスト教のほうがはるかに盛んなのは、自分が悟りを啓きたかった釈迦とは異なって、キリストにみるようにキリスト教は他者を構うことがまず始まりだからでしょうね。

自分で自分の問題に

西平　なるほどそうですね。しかし釈迦の思想にもふたつの側面がありました。ひとつは、

*慈悲 *compassion* ――「苦しんでいる生きものに対しては友情を感ずるように修ずる。苦しんでいるものどもに対しては同情を、徳をもっているものどもに対しては喜びを、悪の性質をもっているものどもに対しては無関心を感ずるように修ずる……。」〔中村元『慈悲』講談社学術文庫、二〇一〇年〕

修行をして悟りを開く、ということは自分の魂のための営みです。ところが悟りを開いたあとに、最初に説法をする場面が出てきます。つまり、周囲の人に「伝える」「分け与える」わけです。その説法以前は、人に分け与えることは考えず、とにかく自分の魂のことに集中していたわけですから、そこに転回点があったわけです。ということは、時間軸の前後関係でいえば、釈迦のばあいは、「自分で自分の問題に向き合う」ことが最初にあったことになります。

松木　むしろ、キリストのようなあり方は理解し難いですね。ずっと人の心配をするというか、人に愛を向けるという。マザー・テレサやシュヴァイツァーは、キリストのあり方を再現する生き方を貫いた人たちですね。キリスト教だからあそこまでできるのかもしれません。凡庸なわたしの目から見れば、人ですから、幼少期に起源をもつ「なにか本人がそうせざるをえない圧倒的な衝迫」が突き上げてきていて、やり続けたんだろうと思ってしまいます。ごく私的な動機からであっても、あそこまでやれば偉いのは確かですけど……。

西平　惜しみなく与え続けることの根っこにある「不気味さ」とでもいうのでしょうか。

松木　なんらかの強烈な動機がないと出来ないはずです。その動機を産み出すなんらかの体験があったはずです。でもそれは、こころのインパクトとしては尋常な体験ではないはずなので、「ものすごく大変だったんだろうな」と思うところまでしか、わたしには出来ません。それはともかく、ああいったところでできれば素晴らしいことであるのは確かなんですけれど…。

やっぱり、ユダヤ人から精神分析が出現しているのには、この心的姿勢への違和感があるんじゃないでしょうか。キリスト教の人間ではない人たちですから。いまでもやはり、世界の分析家は多くがユダヤ人です。

西平　旧約聖書の神は、ある意味で怖いですし、ただ「赦し続ける」のとは違いますね。すると、古澤平作*の「とろかし技法」というのは、どのように考えたらいいのでしょうか。

松木　古澤の「とろかし技法*」というのは、「分析家が慈悲のこころの『良いお母さん』であり続け、やがて傷つき苦しみひねくれていた子どもが『良いお母さん』の想いに気づいて素直に甘えられるようになるまで『良いお母さん』を続ける」というあり方だとわたしは理解しています。その出自は浄土真宗ですが、キリストに近いあり方なんでしょうね。それはたいへん困難な心的作業だったと思います。

だから今日的には、それは人間的には立派なことなんですけど、精神分析が専門職業的な方法・技法であり、達成可能なその本質的実践目標ということを考えるとき、古澤の「とろかし技法」は、精神分析の本質から離れた方法になってしまっているという見解になると思います。端的にいえば、精神分析の宗教的装彩といえるでしょうか。ですから、今日、古澤の「阿闍世コンプレックス*」という人間理解のための理論モデルは学問的に検討されても、「とろかし技法」はその対象にはなっていません。

古澤平作（1897-1968）は精神科医。ウィーンのフロイトのもとに留学し（1932-1933）精神分析を学んだ。帰国後、田園調布にて精神分析診療所を開く。日本精神分析協会、日本精神分析学会を設立し、今日の我が国の精神分析臨床の基礎をつくった。指導を受けた者に土居健郎、小此木啓吾、武田専、西園昌久、前田重治らが、分析を受けた者に三島由紀夫がいる。

とろかし技法は、古澤が師事した浄土真宗の宗教家近角常観の使った用語。常観の使用における「とろかし」の主体は阿弥陀仏である。〔岩田文昭『近代仏教と青年』岩波書店、二〇一四年〕

インド、釈迦時代の仏典に登場する王子阿闍世。物語（近角版）から、古澤が「罪悪感の二種」として論文化。母子関係における処罰による迫害的罪悪感と、「許され／償う」型の罪悪感〈懺悔心〉を提示。

方法としてのわたし

西平　そのあたり、個人的にはとても共感します。とりわけ、精神分析が方法であるという点。「なにもしないことが理想である」と言いながら、しかし方法であり続けようとする点など、とても共感します。

松木　その「方法」が特異的ともいえるのは、人間が方法を使うというよりも、人間が方法の必須な構成要素になるというところでしょう。* 「方法」というと、私という主体が操作するものであり、どう使うかという発想になりやすいように思いますが、精神分析という方法のばあいむしろ、その方法の一部になる／一部であるということだと思います。

西平　はい。エリクソンは「観察の道具としての観察者」★という言い方をしましたが、その「方法の一部になる」に近いように思います。

松木　そのとおりに思います。大事なのは「観察者」なんです。者とは人なので、観察の道具そのものではありませんね。

西平　確かにそうですね。「観察の道具」なのだけど、単なる道具ではなくて、「人」である。まさに、人間が方法を使うのではなくて、人間が方法になる。もしかすると、方法が人間になるというほうが適切なのかもしれないですね。

cf.『精神分析の本質と方法』〔松木邦裕・藤山直樹、創元社〈こころの臨床セミナーBOOK〉、二〇一五年〕

ここに〈逆転移〉概念の分析臨床での重要性がある。治療者のこころに起こっていることも、道具としての手ごたえであり、道具への影響であるとともに、人としての反応でもある。そして道具は、日頃から点検されておく必要がある。

★「観察の道具としての観察者 *the investigator as an instrument of investigation*」については『エリクソンの人間学』〔西平直、東京大学出版会、一九九三年〕第一章。この問題は、「参与観察」「アクションリサーチ」など方法論的な議論と重なるとともに、'emic' と 'etic' の問題とも連動する。【西平】

精神分析は単なる「援助」ではない。その点がとても興味深い。クライエントの問題を取り除くのではない。むしろ問題をその人自身に「返して」ゆく。痛みを取り除く援助ではなくて、クライエントが自分の痛みと付き合い続ける力を育てようとする。あるいは、「自分と向き合う力」を自分で育てる機会を提供している。その意味でより根本的な「援助」であることは間違いないのだが、しかしなかなか厳しい道である。と同時に、だからこそ共感し、いろいろ尋ねてみたくなってしまうのである。（西平）

精神分析と宗教、精神分析の宗教化はときに話題にされることである。西平先生は宗教（の本性や教義）と宗教者・信者を分けてみておられるようであり、それはとりわけ重要な区別とわたしは感じている。精神分析でも、理論や理念と分析臨床家は分けてみられることが必要であることを改めて意識する機会を得た。精神分析家ロナルド・ブリトンは、子どものときに神が実在しないのではと初めて疑問を持つに至ったときの衝撃を書いているが、☆無意識の信念である信心に疑問を持てているか否かが、もし分析家を職業にするに至ったとしても、異なる分析実践をもたらすだろう。分析家という人が方法の要素だからである。（松木）

☆「友達が無神論者が何であるかを言って私に衝撃を与えたとき、『これがサンタクロースと同じようなことにならなければいいんだけど』と思ったことを覚えている。」〔R・ブリトン『信念と想像』古賀靖彦訳、金剛出版、二〇〇二年〕

対話 その三

『無心のダイナミズム』のなかに、「芸術の無心と禅の無心」の話が出てくる（九二頁）。《芸術において名人が無心に舞う・描く・歌うなどのばあいの無心》と《禅において目指される無心》は違う、という井筒俊彦の指摘である。

西平　「人間が方法になる」という話と重ねてみると、芸術のばあいは、稽古を積んだ達人がある究極の地点で無心に舞ったり演奏したりできるということになります。それに対して、禅は、その究極を日常生活のなかに求める。ということは、芸術における〝無心〟はあくまで極限における例外的な出来事であるのに対して、禅はそれを日々の暮らしに求める。*「無心のまま日常を生きる」ことを追究するわけです。ですから、禅のほうがよほど困難なことを言っているわけです。

松木　わたしはそれを、禅のこころを日常化することだと思ったんです。でも〝無心〟は日常化できるものなのか？　と疑います。

西平　ほんとうにそこです。無心を日常化するということは、水と油を混ぜるようなもので、無心は非日常のものだと言いながら、それを日常に生きろと言うものだから、まったく矛盾しています。しかしそこをなんとか理解しようとすると、「日常」という言葉の意味内容が変わることになります。先ほどの「人間が方法を使う」に対する「人間が方法になる」という考え方に近くて、日常を生きるわたしが変化し、その変化したまま日常を生きるとでもいうのでしょうか。起きながら寝ているに近いかもしれません。
「超越」という言葉を使ってみれば、無心を「非日常」というのは超越という考え方です。それに対して「内在」は、日常のなかに超越を見るという考え方です。いわば、その先に、「超越即内在、もしくは、内在即超越」という考え方があって、高次の次元において相反するものが特殊な仕方で両立する、あるいは、緊張を保ったまま関係しあうとみるわけです。

ぐるっと周って日常に

ですから、「無心」と「日常」は相反するものなのに不思議な形で併存する。互いに溶けて一緒になるのではなくて、緊張を伴ったまま、「日常ではない状態」で日常を生きる。禅はそれを平常心《びょうじょうしん》と呼びます。* ある先生は「一八〇度の無心」と「三六〇度の無心」と説明しています。「一八〇度の無心」は非日常の・超越した無心である。それに対して「三六〇度の無心」つまり「平常心」は、そこから再び戻ってきますから、傍から見ると普通の日

「……芸の名人がその最高の境地において体験する意識状態をもって、ゆったり悠然と、日々の生活を過ごすこと。禅はそれを目指している。平常心是道 *The everyda mind is the way.*」〔西平直『無心のダイナミズム』岩波書店、九三頁〕

常生活をしているだけに見える。しかしそれは「ひと回りした」あとの、あるいは「行って還ってくることによってレベルが一段上になった」日常ということになるわけです。*

松木 無心を日常化している人として、一人だけ思い当たる人物がいます。内科の開業医でした。親戚だったので、その生活や考えを身近に知ることができたんです。血縁はまったくありませんでした。

数年前に九十三歳で亡くなりましたが、生き方・在り方の次元が違うと感じさせる穏やかさは、まさに生き仏を思わせました。亡くなるときもほんとうに穏やかな亡くなり方で、ただ穏やかなだけではなくて、どうも食べ物を身体が必要としなくなったようだと家族に静かに伝えられ、食べられなくなって、その後も「あと数日と思う」と自分で言われて、自分がいまこんな心身の状態だと息子に毎日伝えられながら亡くなったそうです。みずからの死を受け容れ、静かに見つめる、そういう禅の「無心」のような生き方が実在するのを知りました。でも、わたし自身がどうしたらあんなになれるのかと思ったら、もうお手上げです。

西平 禅のおもしろいところは、一方でそうした生き方を理想とすると同時に、他方で一休禅師のように、*風狂というのか破戒僧というのでしょうか、破茶目茶な生き方も認めるし、「無心」が日常に生きたときにどういう姿として顕れるかに関しては、禅は何も言わないんです。

松木 そうですね。そこが良いところでもあり難しいところでもありますね。☆

*「……『無心に遊び』、『無心にピアノを弾く』と語られる時、それは『心が無い』という否定ではなく、むしろ音楽と一体となっていることである。否定を経た後の肯定であり、「何かを消すことによって何かが生じてくる」ことである。」「無心は〈徹底的な自己否定〉であり、〈ありのままの自己肯定〉である。その対立であり緊張であり、互いが互いを乗り越え、反転し続けてゆく、その出来事の全体が『無心』なのである。」〔西平直『無心のダイナミズム』岩波現代全書、二〇一四年、二二一-二二二頁、cf. 七五頁〕

*一休禅師については、柳田聖山『『狂雲集』への世界』〔人文書院、一九八〇年〕

精神分析家にとっては分析セッションの時間は、言わば職業的「日常」である。そこでは分析家が無心であることの必要性を精神分析家ウィルフレッド・ビオンは「記憶なく、欲望なく、理解なく」今日の分析セッションに臨みなさいと告げている。☆精神分析の対象そのもの「O」になることも求めている。茫洋として終わりがみえない、現代精神分析での大きな論争のひとつである。（松木）

対話 その四

リフレクティヴであることそのものは、貴重な能力であるとわたしは思う。けれどもそれが、主体を脅かすように感じられるとき、苦痛の源泉となる。脅かすのは、リフレクトする視座が実は既に内在化されている母親や父親のそれであるのにもかかわらず、自分の視座と融合していることが認識できていないためである。この両親、とりわけ父親の視座をフロイトは「超自我」と命名した。しかし今日、母親の視座がより深い脅かしの源泉とみる。いずれにしても、

☆「あなたの記憶を捨てなさい。あなたの欲望の未来時制を捨てなさい。どちらも忘れなさい、新しい考えにスペースを残すために、あなたの知っていたこととあなたの欲することを忘れなさい。ある思考、持ち主のないある観念が家を探し求めて、部屋の中をぐるぐると浮び回っていましょう。これらの中に、あなたの内側から現れてきたと思えるあなた自身のもののひとつがありましょうし、もしくは、あなた自身の外側、すなわち患者からのものがありましょう。」〔Bion, W., 1980: Bion in New York and Sao Paulo., ed. F. Bion, Perthshine, Clunie Press.〕

リフレクティヴな自分をリフレクトし、自身の視座を独立させることがリフレクティヴであることを有意義にするだろう。【松木】

西平　「自分と向き合う機会」という言葉が出てきました。それは「リフレクティブ」*と考えてもよいですか。リフレクティブな自己とでもいいますか。

松木　はい、そうです。

西平　そうすると、「自分自身との関わり方を学ぶ」ということでしょうか。それが「鍛える」のか「柔らかくする」のかはわからないですが。

松木　サイコロジカル・マインドという言葉があります。いま先生がおっしゃった「リフレクティブな自己を持っているかどうか」ということです。つまり、自分が言ったりしたりしたことを振り返り考える、そういうこころの姿勢を持っているかどうかということです。その心的姿勢を持っていることが、分析的なセラピーを導入するばあいには重要な促進因子のひとつになります。☆

西平　なるほど。僕自身はそうしたリフレクティブな意味で、自分との関わりを強く感じてしまうタイプだと思います。そうすると、その傾向の強みと同時に、落とし穴というのでしょうか、危うい点を感じるわけです。自分のことを気にしすぎるというのでしょうか。

reflect
The trees are clearly reflected in the lake.（樹々が湖にくっきりと映っている。）
Her face reflected how shocked she was.（彼女の顔はどんなにショックを受けたかを示していた。）
She reflected that she was no longer wanted.（自分はもはや用のない人間だ、と彼女は考えた。）

☆　精神分析家ニナ・コルタート *Nina Coltart* は、精神分析適用のためのアセスメントを担当した経験から、「心理的資質」という用語で九つを挙げている。そのうち二つを紹介すると……
①患者自身による、自分が無意識的な精神生活をもっており、それが自分の考えと行動に影響を与えているという、暗黙の、あるいは明確な認識。
②自分自身と自分のパーソナルな発達に対して、責任をもとうとしている徴候がみられること。
〔館直彦ほか訳『精神療法家として生き残ること』岩崎学術出版社、二〇〇七年〕

「自意識」という言葉を使うのが適切かどうかわからないですが、「自分で自分を縛ってしまう傾向」が強いと思うのです。★

松木　そうですね。むかしの言葉を使うなら「自意識過剰」でしょうか。

西平　おそらくその点が一時期の日本の哲学の傾向と重なって、哲学に惹かれることになったのだろうと思っています。そのうえで、うまく質問できるかどうかわからないのですが、精神分析は最終的に、その意味での「自意識を強める」ことを願うわけではないですね。自分で自分のことを受け容れるという意味ならよいのですが、一歩間違うと自分のことを気にしすぎてしまって、自然体から離れてしまうと思うのです。精神分析が最終的に期待する姿は、「自分のことを常に気にしている」ということではないですね。

松木　そうではありません。「自分のことを気にしすぎる自分が自分なのである」と、悲観的でも楽観的でもなく、そこにポジティブとネガティブの両面があることを認識しておくことでしょうか。その「気にしすぎるあり方」がどのような気にしすぎ方なのかを、その起源と実態について自分で細やかにわかっておくようにする、ということです。だから、気にしすぎることを気にしないようにするわけではないんです。いろんな「気にしすぎ方」があるわけで、自分自身はいったいどういう気にしすぎ方がありうるのか、を機会あるごとに考え直します。気にしすぎるというのは、病理的な表現をすれば神経症的と言っていいと思うのですが、その神経症的な自分をわかっておくということです。

★「リフレクティブになる」と「無心になる」ことの関係については『ケアの根源を求めて』（西平直・中川吉晴編著、晃洋書房、二〇一七年）、「第一章　無心に耳を傾ける」。

自分をからかう能力

〝リフレクティブな自己〟を、「サイコロジカル・マインドがあること」と捉えるなら、それを先生はもともと持っているわけです。ただ、この〝リフレクティブな自己〟は、気がついたら自分のなかにどっかりと腰を下ろしているものなので、自分自身ではよくわかっていない部分です。だから、リフレクティブな「自分に結び付けて内省したがる自分」を、どんな自分なのかを探ることを、分析家自身がみずから分析を受けるなかでおこないます。そしてその作業において、自分の分析家の視座、見方をとり入れます。☆〝リフレクティブな自己〟が、とり入れた分析家の見方と合わさり、併存もしながらひとつにまとまったものになるということが起こってくると思います。分析を体験することは大事な訓練です。

西平　自分が分析を受けるなかで、分析家の見方をとり入れるわけですね。

松木　精神分析や精神分析的心理療法を実践していると、分析過程が進展して、クライエントが終結を考え始める頃に、クライエントは『自分が「どうしよう」とか「困ったな」と思うときに、「先生ならこういう風にそれについて言ってくれるだろう」とか、「先生ならこういう風に考えるだろう」とか、そういうことがいまは浮かぶんです』と言うことは少なくありません。これは、ひとつの分析的な用語を使えば、治療者の内在化です。その内在化された治療者というのは、クライエントがリフレクトすることをサポートしてくれる、

☆これは訓練における、上級者／スーパーバイザーの指導の下での精神分析や心理療法にも当てはまる。ケースメント（1985）は、「外側のスーパーバイザーがやがてとりいれられ、内在化されたスーパーバイザー *internalized supervisor* になること、そして訓練生の成長とともに、自律性を持つこころのなかのスーパーバイザー *internal supervisor* になって、内的対話を促す」ことを述べている。〔松木邦裕訳『患者から学ぶ』岩崎学術出版社、一九九一年〕

リフレクトするときにひとつの視点を与えてくれる、そういう治療者です。
〝リフレクティブな自己〟を連合しながらも、主体的な自分から確実に距離を置いたところで見て考える自分として位置づけることが、精神分析的な治療者として機能する準備になると思います。それは、治療の場面だけではなくて、普段にも作動するものでもあります。だから分析家には、自分をからかう能力が結構あるんです。☆ 自分のうまくやれなかったこととか、変に考えたこととかをみずから語って、みずから面白がるといいますか……。

西平 わかるように感じます。

松木 「また、おまえはこんなことを考えているじゃないか」とか、そんなことを自分でも思うし、人とのあいだで話題にもできるということですね。あまりにリフレクティブで繊細に入り込みすぎていると、人前では言えないでしょう。

西平 はい。まさにいまの「入り込みすぎる」という感じですね。入り込みすぎると、からかうとか洒落のめすとか、距離を取ることができなくなる。そうした、自分をからかうことができない状態は、防衛的と考えてもよいのでしょうか。

松木 はい、そう言えると思います。防衛的、つまり傷つくことを恐れている状態です。

西平 いろんな人と関わるなかで、あるタイプの人といると、なぜか防衛的になってしまうということを感じています。なんとかそこから自由になりたいと思うのですが、なかなか……。

☆「もし、あなたの患者があなたを馬鹿にしたりだましたりすることができないとしたら、彼には何かひどく悪いところがあるにちがいありません。そしてそれと同様に、馬鹿にされることが許せない分析家にも、何かひどく悪いところがあるのです。すなわち、あなたがそれにもちこたえることができるなら、腹を立てることにもちこたえられるなら、それから何かを学ぶでしょう。」〔Bion, W., ibid.〕

リフレクティヴに自分自身と向き合うことができる。しかし、気にしすぎない。自分のことを気にしすぎるわけではなくて、距離を取ることができる。自分を「からかう」ことができる。実は、「無心」の思想もその二重性を隠し持っている。たとえば、世阿弥が「離見の見」と呼んだ「二重の見」。そう思ってみれば、「無心」とは、最高度に「自分と向き合う」ことができると同時に、その一切をいつでも手放すことができる、そうした「自在」のことであるのかもしれない。（西平）

「自分と向き合う」とは、言うは易く行うは難しの典型であろう。「無心」に自分を振り返ればよいのであるが、それが「無心」にできない。不快感、怖れ、恥ずかしさ、罪悪感、無力感とあらゆる感情に不意打ちされる。しかしながら、それらの感情こそがリフレクトの対象であることに気づくことができるなら、そこに道は拓かれているのかもしれない。（松木）

二重の見

——生きている転移／逆転移

精神分析における「転移／逆転移」の重要性は、繰り返し語られてきた。では、それはどこまで特殊な出来事なのか。それとも、日常の暮らしのなかでも生じうることを、特別な状況の下で、純粋な形に際立たせるということなのか。

そうした関係性のなかで、まずひとつ、「自分の痛みに触れないと相手の痛みはわからない」という重要な問題が浮き彫りになってきた。

そして、もうひとつ、そうした精神分析の関係性は、最終的に何を目指しているのか。人から治してもらうのではない、「自分で自分の痛みを抱えるようになってゆく」ということ。自分の「傷」と向き合うこと。本人にとっては苦しいことであるけれども、そうした「こころの展開を手伝う」ことが、長い目で見たら、その人のためになる。そうした発想をめぐる問題である。

Tadashi Nishihira

Kunihiro Matsuki

対話 その一

自分の痛みに触れないと、相手の痛みはわからない。医者はすべてそのように考えるのか。それともこの原則は、医療のなかで、特別なことなのか。

西平　以前からお尋ねしてみたかったのですが、たとえば内科のお医者さんが患者さんのお腹を触診するときに、同時に自分のお腹を感じながら、ということはあるのですか。

松木　そういうことは無いと思います。少なくともわたしが内科で働いていたときには、「この人のお腹にどういう異常がありうるか」を見つけようという発想だけでした。相手の痛みを感じるということもありませんでした。たとえば、お腹を触っていって『どこが痛みますか？　このあたりですか？』と言って、患者さんが『あ、その辺が痛いです』と応えるなら、『押したら痛いですか？　むしろ離すときが痛いですか？』というように、患者の痛みの性質を同定する。それだけです。自分の痛みにはなりません。むしろ、自分の痛みとして感じるなら、検査に伴う痛みを実感して、病因探究のための諸検査を進められなくなるかもしれません。

西平　そうすると、おなじお医者さんでも、先生が臨床の場面でなさっておられることは違いますね。先生は、外側から患者の痛みの性質を同定するのではなく、「関係」のなかに入り込んで、内側から、いわば自分の痛みを感じる位相で、患者さんに触れようとしておられる。

松木　それが、この本『耳の傾け方』*のなかで〈ステップ3〉☆として書いている、「自分の痛みに触れないと、相手の痛みはわからない」というところです。転移というのは、患者さんが自分の世界を持ち込んで、そのなかにわたしたちを置いておくものです。ですから、その人の世界の感覚をわからないといけないんですけど、そのためには、自分の世界での近似の体験を、きちんと感覚・感情として捉えていないと、「転移のなかに一緒にいる」ということが、ほんとうにはできていないことになります。

西平　その発想は、内科のお医者さんにも必要ではないでしょうか。実際に医学部でそうした教育が可能とは思いませんが、しかし「人と人との関わり」が医療の現場であるとしたら、ここに書かれていることは、すべての医療現場でも当てはまるべきではないかと思います。

松木　医療の根本原理は「命を救う」ことをなにより優先させる、ということです。ですから、わたしが内科医でいるときには、考える前に動きます。たとえば呼吸困難の人が目の前にいると、その人を救うための処置をおこないます。自分の頭にある医学知識を最大限

*「自らが触れえたこころの深みまでしか、他者は理解できない。」〔松木邦裕『耳の傾け方』岩崎学術出版社、二〇一五年、七三頁〕

☆ステップ3は「私自身の体験、思いを重ねて味わい聴く」である。それは、彼／彼女のこころの痛み、苦しさを、自分のそれ〔共通感覚〕と重ねて味わい理解しようとすることである。それが、このクライエントの主体的な感覚〔フィーリング〕を体験的に知ることになる。すなわち「真の共感」である。【松木】

を考えます。

に活用して、この人はどういう病態だと診断し、何を検査してどんな処置をしたらいいか

だけど、精神科医はそうではないんです。精神科医というのは、そこに患者さんがいたとき、すぐに実際的な対処に動いたら駄目なんです。まずは黙って、動かないで観察しないといけない。これが精神科医になる訓練なんです。そして、その人から何が出てくるかを待つのです。わたしも内科医から精神科医に移った頃に難しかったのはそこでした。* わたしから働きかけ指示するのに慣れていたところ、そこにブレーキをかけて、相手が出してくるものをちゃんと出してもらったうえで、観察し考えるのです。精神科医は、動く前に考えないといけないんですね。内科医とは反対なんです。

精神科医が身を置く精神医学というのは医学の一領域ですけれど、基本的に、生命に直接影響しない状態に関わっています。統合失調症だからといって、躁うつ病だからといって、即座に死ぬわけではありません。もちろん、その彼・彼女が自殺に向かうことは、頭に置いておくべきことです。いまここにいる人が帰り道に線路に飛び込むことは、考える必要はありますけど、それが主ではありません。

言葉を使うなら、精神科とか心理療法に来る人というのは、〝生きづらさ〟を抱えている人なんです。* 主観的な生きづらさに苦しんでいて、扱いかねている人です。だから「それが医療の対象なのか、どうか」という発想も起こりうることになりますね。

西平　なるほど、生きづらさは医療の対象かどうか。そうなると、たとえば肩こりというの

本書【無心】対話その二、参照。

「〝生きづらさ〟が重篤であるほど、その〝生きづらさ〟を本人が見ないで、触らないで、生きようとしているかのように見える。そのひとたちは、みずからのこころに出会えない。」〔松木邦裕『こころに出会う』創元社、二〇一六年〕

は、医療の対象としていいですか。

松木　対象になります。肩こりというのは、なにかの原因から肩の筋肉が異常に張りつめすぎているわけだから、そこで肩を診察します。『あなたは肩にえらい力が入っていますね。こんなに緊張していたら、肩こりもするでしょうね。では、筋肉の緊張を和らげる薬と、こりすぎて痛んでいるのを和らげる貼り薬をあげましょう』という診断と処方の流れで、医療の対象になります。

ところが、この肩こりを精神医学というか精神分析的な発想でみるなら、『肩こりは「あなたにたいへん緊張したり不安だったりする思いが持続している」ことを表しているのかもしれませんね』という問いかけになるでしょうか。そうしたときに患者さんは『いや、そんなことより肩を治してください』とレスポンスされるかもしれないし、『たしかに……このところじつは心配事がありまして』という話になるかもしれないわけです。そうするともう、「悩み、心配事、あるいは辛いことがある」ということが主題になりますね。肩こりという身体ではなくて、「その人の抱えている心的苦痛は何なのか」との、こころにかかわる発想に進みます。

ただ、そこにおいて、わたしが臨床心理の人間だったら「こころの問題」だけで考えますが、わたしが精神科医であるなら、その人の苦しみや悩みは「こころの問題かもしれないけれども、生物学的な原因があるのかもしれない」という、双方の路線を検討しながら関わることになります……ある時点までは。☆ある時点で見立てがはっきりしたら、どちら

☆こころとからだの両方に目を向け続けることは、実際の臨床ではたいへん難しい。私の観察では、どっちつかずの中途半端で浅い水準に留まってしまう人が少なくない。

かの路線で進むことになるかもしれませんけど。

精神科医はすぐに動いたら駄目である、まずは黙って動かずにいる、そして、その人が何を出してくるかを待つ。そうした話に私は大いに共感した。まして「転移のなかに一緒にいる」という関係性の視点など、東洋の伝統的な思想と重なり合う。と同時に、精神分析は、西洋近代の科学の視点も併せ持っている。その「ずれ」を孕んだ二重性が興味深く感じられたのである。（西平）

精神科医は医療処置のために動く前に、観察しなければならない。発せられることばを含めて、その人のすべてを観察することが何より求められる。かつては内科医も観察していた。しかし現在、診察よりも検査結果で診断する。観察することは、その人をひとりのパースンとしてみる、かかわることである。精神医学でも、ひとりのパースンを診ることが怪しくなっている。しかし、それはなくしてはならない。（松木）

対話 その二

精神分析は、最終的には、「自分で自分を癒す力」を育てようとしていると考えてよいか。人から治してもらうのではなくて、自分で自分の痛みを「持ちこたえる」ようになる。そのことを目指しているのか。しかし、そうしたことを「助ける」とはどういうことか。あるいは、助けないのか。

西平　僕が「肩こり」と言ったときに想定していたのは、僕ならその人の肩に手を当てるだろうな……と。そしてそのとき、僕のばあいは、自分自身の肩に気持を集中させるわけです。相手の肩に意識を集中させすぎてその肩をモノとしてしまわないために、自分の肩を感じながら、相手の肩に触れてゆく。イメージとしては、つながるというのでしょうか、熱が伝わってくるような感じです。

　僕の理解では、精神分析は、最後の最後は、この〝つながり〟にまで融かしてゆくのではないでしょうか。もちろん精神分析は、決して身体に触ったりはしないでしょうから、ことばを媒介にしてやりとりを構築していく。そのために、「沈黙」*が必要になったり、「こ

* 「大切なのは、『語られた言葉』の背後に〈語られずに身を引いた無数の語られなかった言葉〉を聴くことができるかどうか。……」（西平直『誕生のインファンティア』みすず書房、二〇一五年）

ころの転移」が必要になったりするということでしょうか。

松木　必要というよりは、転移というのは人間がその本質として持っているものであり、現在の関係に持ち込んでしまうものであると考えています。☆ 人は、存在的な意味で「独りで生きている」ということはありえないわけで、必ず重要な他者、こころにおいては（内的）対象と呼ばれる他者とのつながりが内に外にあって、一人でいろんなことをやっているにしても、ともに生きていると考えます。

人間は、生まれたときに独りでは死んでしまいます。お母さんがいないと死んでしまいます。絶対的な「関係」が必ずそこで体験されているから、今があるのです。ですから、それが「転移」の基盤になります。その後に人と人の〝つながり〟ができると、必然的に「転移」基盤のなにかが現れ出てくるものだと思います。たとえば、いまわたしが先生とお話ししていても、客観的にとらえてお会いしているだけではなくて、わたしの主観的な何かを先生に映して見て、話をしています。

西平　僕も同じことをしていると思います。

松木　その転移を、精神分析の設定の内に収めることによって、より現れやすく、二人ともにその体験をより見えやすい状況にします。単に見えるだけではなくて、その実在しはじめた転移がふたりのあいだで生きたものになるといいますか、治療者がその人のこころのなかの重要人物*そのものとなって、実際にやりとりしていくことが起こってきます、純粋な転移の自然な実在化こそが、精神分析の設定と方法がもたらしうるものではないかと考

☆ 転移についての私の初期の探究は『分析空間での出会い』（人文書院、一九九八年）に収められている。最新の見解は『改訂 増補版 私説対象関係論心理療法入門』（金剛出版、二〇一六年）の特別章「私説精神分析入門」の内に記述している。

* 「ですから必然的に、彼／彼女のなかの『誰か』という配置に私たちは置かれるようになります。……ある種、もっと『生きた』その人の世界の二人がいるという関係をかたちづくるのです。」（松木邦裕・藤山直樹『精神分析の本質と方法』創元社、二〇一五年、五七頁）

えます。他に、転移が観察できる人間関係があるかというと、ほとんどないように思えます。

西平　精神分析の構造は、転移／逆転移の関係をつくりだすために有効である。しかも、それがピュアなかたちで、ふたりでシェアすることができ、変容させていくことができうると。

松木　結果的には、何らかの変容が発生します。☆

ほぐさない　和らげない

西平　たとえばマッサージの場面を考えるなら、そのばあいは転移・逆転移というのはかなり薄いですよね。

松木　はい、表には見えにくいですね。

西平　マッサージしてもらう人は、受け身的に、ほぐしてもらう。ということは、マッサージをしてもらっても「自分で自分を癒す力」は出てこないということなんです。やってもらうだけです。ですから、そのときは一時的に楽になってありがたいんですけど、しばらくするとまた肩こりを繰り返してしまう。

お尋ねしたいのは、精神分析は、最終的には「自分で自分を癒す力」を育てようとしていると理解してよいか？　という点なのです。「suffering*に持ちこたえる力」「自分で自分

☆私は「治癒」や「自己治癒」という言葉を好まない。それは身体医学の用語であり、こころには馴染まないからである。それが、ここで「変容」という言葉を使っている所以である。

を和らげる力」を育てようとしておられるのか？　そうすると、精神分析の構造が転移／逆転移を創り出すようにできているという話がありましたが、最終的には、そうした「自分の苦しみを持ちこたえ、自分で自分を癒す力」を、転移／逆転移の関係性のなかで育てゆくこと、それを目指しているということなのでしょうか。

松木　たいへん重要で、かつ微妙なところだと思います。誰かが、肩こりなり筋肉痛なりの苦痛を持っています。それに関わる人が「苦痛を和らげてあげよう」ということでマッサージをおこないます。そうすると、筋肉がほぐれて苦痛が取れるということが起こるでしょう。ただ、おそらくまたしばらくすると、肩がこったり筋肉が張ったりして痛くなってきて、それをまたマッサージしてもらって痛みを和らげるでしょう。そこでは、痛みが苦痛であるということと、それに関わってくれる人が和らげてくれるという、そういう二者関係が繰り返されます。

西平　精神分析ではどうなのですか？

松木　精神分析においては、ある人が痛みを感じています。もちろん、基本的には患者のこころの痛みですけれど、その痛みを和らげることを求めて分析に来ます。分析家のほうも「この人は自分自身では扱えない痛みを抱えている。そこで、それを和らげたいと思って来ている。その求めに対応しましょう」ということで、分析が始まります。

ところがマッサージと違うのは、痛みを直接和らげそうなことは何もしないのです。たとえば『あなたは運動不足なので、身体をもう少し、夕方に五分くらいでもかなり激しく

suffer
1 苦しむ・悩む、病気になる・罹災する。
2 放置される。
3 罰せられる。

動かしなさい』とか、『首のところに力が入りすぎているから、それに気がついたらちょっと首の力を抜きなさい』とかいう、アドバイスで痛みを和らげる助言はしないわけです。本人が苦痛であるとの思いに付き合ってはいるけれども、いわば「痛い苦しみを抱えたあなたと一緒にいる」だけになっています。

ただ、そうした苦痛を訴えることとそれを聴き取る出会いを維持しているうちに、痛みを抱えた人が、自分の痛みについて思いをめぐらす、広げる、ということが起こってくることもあるでしょう。「この痛みは、よくわからないが、自分はそれが出てくるだろうことをどこかで知っていたようにも思う」と、断片的な記憶を想起するかもしれません。痛みからその人の生きてきた何かに向かうのなら、そこに治療者はともに向かってみようとすると思います。*

悲しめるようになる

松木　でも、『わたしはここに来つづけているけど、いつまでも痛いばかりで、どうにもならないじゃないか』と、来ている人が治療者に腹を立てることだって、当然ありえます。その腹を立てるということで、ある意味、痛みから離れています。『先生にはほんとうはわたしが視界に入っていないから、何もしてくれないし、自分はつらいばかりなんだ』と、いまや治療者こそが苦しみをもたらす人に位置づけられます。ここで「わたしには視界に入

*「転移は、陽性のものであれ陰性のものであれ、抵抗に役だつようになる。しかし、医者の手にかかるとそれはもっとも強力な治療手段となり、回復過程の力動においてどれほど高く評価してもしすぎることのないような役割を果している。」（フロイト（1923）『精神分析用語辞典』みすず書房、一九七七年、三三六頁）。

っていない」との発言に注目します。これは治療者の在り方についてのこの患者の特徴的なとらえ方を表していますね。ここに過去の重要な対象との関係が重ねられている可能性をみます。これが陰性転移という転移の一形態です。

西平　なるほど……「陰性転移」のメカニズムが少しわかってきたように思います。

松木　治療者は『わたしはあなたを視界に入れず、別の何かに気を取られて、痛みに苦しむあなたを放置しているのですね』と伝えるかもしれません。この発言は、治療者が〈陰性転移〉の関係に留まり、転移過程を生きることです。そうしていながら〈逆転移〉*のなかでは、その人にとっての重要な人物から疎外されているという悲しみを感じていそうです。しかし、ここで治療者は誤解を解きたいと、「わたしはあなたをきちんと見ていますよ」と言いたい気持に動かされるかもしれません。このこころの動きも〈逆転移〉です。ただ、この発言は「現実のわたしは違います。あなたを思っています」と言っています。それは治療者にとっては現実でしょうが、その人にとっては「わたしは視界に入っていない」のがこころの現実、心的事実なのです。☆ですから、この〈逆転移〉からの発言は、転移過程を損ないます。

　転移過程に沿っているなら、長い経過のなかで、そこからさらに、その人は「痛みに苦しんでいるのは『自分に目を向けてもらえなかった』苦しみを痛みを訴え続けることでわかってもらおうとしていたこと、そしてそれと同時に悲しみを自分で気がつかないでおくために、『痛い』にこだわっている自分がいたんだな」と気がつくかもしれません。

＊「逆転移をワークスルーしていくプロセス、すなわち経時的にその感情に触れ続け思考化していくことが転移状況を理解することに大きく貢献する、との見解が転移の今日的理解と強く結びついている」〔松木邦裕『こころに出会う』創元社、二〇一六年〕。

☆「主観的真実」とも表現できる。

「この『痛み』はそれを必要としていた自分がこだわっていた『痛み』であって、それでわたしは自分を見てもらいたかったんだ。見てもらえない悲しみがつらすぎて、『見てもらおう、見てもらおう』と懸命だった。たしかに母は先天性疾患を抱えた病弱な弟の世話に懸命で、わたしを視界に入れていなかった。それはほんとうに悲しかった。いまもとても悲しい。この悲しみこそがわたしの苦悩だ。母も重い病気の弟を抱え、懸命だったし悲しかったのだろう」と気づいて、『いまも悲しくつらいですが、なにか、長く背負っていた重いものを降ろした感じもあります』と言うかもしれません。

こうして自分自身が抱えている苦痛の真実に気がつくことで、その苦しみを抱えることを肯定できるようになる、苦しみにもちこたえられる自分になることが、先生がおっしゃる「自分で自分を癒す力」にあたるでしょうか。〈転移関係〉のなかでのこうしたこころの変遷が、〝もちこたえる〟ことにつながると言えるかもしれません。転移の機微をうまく表現できた気がしないんですけど。

西平　大切なところですね。人から治してもらうのではなくて、自分で自分の痛みを抱えようとする。その意味において、精神分析は、自分と向き合う機会を提供するということになるわけですか……。

人から治してもらうのではなくて、自分で自分の痛みを抱えようとする。痛みを取り除くのではない。わざわざ自分の内なる「傷」と向き合う課題。「ワーク」という言葉に込められた重い意味をあらためて感じる。まして「ワーキング・スルー」という言葉には、ある種の決意、あるいは、ある種の〝祈り〟が込められていると予感せざるを得なかった。（西平）

転移過程はそのままでは反復、フロイトの言う「反復強迫」に終わる。それは、人生で同じ困難や挫折を繰り返すこととして日常のなかに認められる。その転移過程を反復強迫から解放し、新たな展開を築くことを精神分析関係は提供しようと試みる。転移を見極め逆転移を吟味する意義はそこにある。（松木）

分析が「成功する」とはどういうことか、逆に「失敗する」とはどういうことなのか。しかし、その失敗によって初めて生じる「気づき」もあるとしたら、治療関係における「失敗」とはどういうことなのか。

松木 たとえば、お母さんにすごい憎しみを抱いているケースがあります。お母さんは彼女に馴れ馴れしく、そのことにはちっとも気づいていません。あるとき、家庭行事があったので彼女も仕方なくお母さんと一日一緒にいて非常に苦しかったという話を、分析のなかでしました。わたしは聴いていて、たしかに非常に苦しかっただろうと思ったので、『それはつらかったですね』と伝えました。

そのときはとくに反応もなく過ぎました。けれども、その後の分析セッションで、その人の様子がなにか変になっていったんです。最初に来た頃のような、現実離れした空気をまとってきて、話のまとまりが悪くなって、不気味なニュアンスが感じられる在り方になっていきました。この悪い方向に戻る変化☆に「これは、わたしが何かを失敗しているんだな」と思いました。そこでわたしはこのところの経過を、逆転移の検討を含めて丹念に振り返ってみましたが、自分で探してみても、何が悪化を引き起こしているのかがわかりませんでした。

それから二〇〜三〇セッション経ったあとで、彼女が『あのときに「それはつらかったですね」と言われたことが、気持わるかったんです』と教えてくれました。つまり、それを言った場面では、わたしはその人の「馴れ馴れしいお母さん」だったのです。そこにわたしは気がついていなかった。それが頭になかったわけではないのでしたけれど、わたしとしては、一緒にいる人間として普通の平均的な共感*として、言葉にしたことだったのです。ところが彼女はそれを「ものすごく侵入的な母親としてのわたしが、彼女に無遠慮に近づいて彼女をひどく脅かした」と体験したのでした。☆

西平　相手によるのでしょうね。『つらかったですね』という言葉が、とてもありがたい言葉に感じられるばあいもありますから。

松木　もちろん、ありますね。

西平　そうすると、「それをその都度、見分ける」のでしょうか？　そしてもうひとつ、「失敗ということが成り立つのか」ということなんですけど……。

☆精神分析では「陰性反応」という。その分析が治療者の介入も含めて「分析としては確実に進んでいる」と治療者が感じるにもかかわらず、患者の病態が悪化したり、自己破滅的な行動化が起こる場合を、特別に「陰性治療反応」と呼ぶ。その背景には、無意識的な罪悪感や羨望が想定される。

cf.松木邦裕「共感から解釈へ」（成田・氏原編『共感と解釈』人文書院、二〇〇四年）。

☆陰性転移の例でもある。

失敗に気づき　失敗を検討する

松木　失敗がいっぱいあります。

西平　そうなると、成功したというのは、どういうときでしょうか。★

松木　たとえば、非常につらかったという話が出されたときに『あぁ、それはつらかったですね』とわたしが応答して、「あぁ、この先生は、自分の苦しい気持をほんとうにわかってくれるんだ」と思う人もいるわけです。そうすると、そういう言葉を使って成功したことになりますね。

西平　なるほど。でも、そのばあい、その場面だけ区切れば成功だけど、長い目で見たら……ということもありませんか。

松木　そうなんです。さっきお話ししたケースのばあい、その時その時には分析らしい分析がふたりのあいだで展開しているかのように過ぎていきました。「分析らしい分析だから、分析として成功しているのではないか」というと、じつはそれは「その人の理想の分析が展開しているとの空想を、ふたりがその場で実演するというかたちで繰り返していただけ」という意味では、失敗だったんです。でも、その失敗がないと、重要なその空想に気づけなかったのです。

西平　そうですね。

★　精神分析における解釈の妥当性に関しては、さまざまな哲学的な議論がある。

例えば、そのひとつ、ドイツの哲学者、ユルゲン・ハバーマスは、「治療者の下した解釈をクライエントが拒否した場合、その解釈は間違いなのか、逆に、その解釈をクライエントが肯定したら、解釈の妥当性は保証されるのか」と問題を提起した。〔J・ハバーマス『認識と関心』未来社、一九八一年／A・グリュンバウム『精神分析の基礎――科学哲学からの批判』産業図書、一九九六年、など〕【西平】

松木　だから、そういう意味では失敗こそが大事なんです。ウィニコットという分析家は「赤ん坊は、母親に完璧な環境を期待して、母親も完璧な環境を提供しようとするのだけど、現実には、母親はどこかで失敗する」と言っています。*その母親の失敗が、赤ん坊に精神的に大きな傷というか不可逆的な傷つきになっていることもあるでしょう。それが後にその人の精神的な苦痛や困難、生きづらさとして尾を引いているので、母親のその失敗が分析のなかで再現される必要があると言います。だから、「治療者が何らかの失敗をしてしまう」ということが、その人の分析には必然的に欠かせない部分になると言っています。☆

西平　ウィニコットですか……面白いですね。

松木　それは、たまたま治療者が事故で交通が渋滞し面接に遅刻して、クライエントのほうが先に来ていて面接室に入れず、外に待っていたということかもしれませんし、いろんなかたちで起こります。わたしのばあいは、なぜか別のクライエントが来ると思っていたところに、本来訪れるはずの人が来たのです。そこで、その人が来たときに「あれ？」という顔をしちゃったんです。そうしたらその人は敏感に気がついていて、面接が始まると「先生はわたしが来るのが嫌だったんだろう」と言い始めました。〈逆転移〉感覚のなかに確かに嫌なところはあったので、わたしが別の人を思っていたのは、振り返ると確かでもあります。

大事なのは「失敗は事実である。そうしたときに『なぜこのときにこの失敗を、この人とのあいだでしているのか』を見る、考え検討する」ことであって、失敗して『すみませ

＊「欲求不満や環境の相対的な失敗に対処しうる装置がすでにできているのに、相変わらず全能感を経験し続けることは、人間の子どもにとって困ったことになるでしょう。絶望にまで至らない適度な怒りから得られる満足というものがあるのです。」〔ウィニコット『赤ん坊と母親』成田・根本訳、岩崎学術出版社、一九九三年、二〇頁〕

☆ウィニコットは「分析家が失敗することによって、その精神分析は成功する」とも言っている。

んでした』と謝って収めることではないんです。謝ってしまうと、見なくなってしまいますから。

失敗の再現をとおして

西平　未熟な治療者が失敗してしまうばあいでも、クライエントにとっては、母親の失敗の再現ということになりますか。

松木　なっていると思います。ただ、経験が少ない治療者がそれに気づけないんです。治療者が気がつかないと、その意味は見えてきません。☆

西平　なるほど……治療者がその意味に気づいていることが必要なのですか。面白いですね。そうすると、たとえば、日常生活のなかでも「母親の失敗が再現される」というかたちで傷つくことがあると思いますけど、そのばあい、本人はそれをそれとして経験できていないのですか。

松木　経験できていないと思います。夫婦間で起こるトラブルの幾らかは、おそらくそういうことだと思います。たとえば男性だったら、自分が母親とのあいだで傷ついた関係を、奥さんとのあいだで無意識に再現することがよくあると思いますし、女性だってそうでしょう。夫との関係で「自分のことをわかってくれない」と妻が訴え続けるのは、父親とのあいだで起こった理解の欠落、父親によるある種の失敗の状況を、同じように繰り返してい

☆クライエントの内的体験にとっての「意味」のことである。

るのかもしれません。

精神分析では〈反復強迫〉という言葉であらわします。* それは失敗を繰り返すことでもあるのですが、繰り返すことのなかに「それをやり直そう」という希望と可能性が含まれている、と見えるかどうかが大事だと思います。

西平　なるほど。

松木　そこでウィニコットが言っている重要なことは、「乳幼児期の親の世話という環境の『失敗の再現』で傷ついた患者に、良いものを提供して癒すのが分析なのではない」ということなのです。親の失敗で傷ついた人がそれを、なかったことにするのではなく、重要なこころの展開である「その傷つきを認めながらどう生き延びるか」を援助することなんです。☆

それが自分のなかの扱えない異物のままだから、収めようとして反復されてしまいますが、「治療者の失敗」という転移的な再現において二人でその体験をやり抜くことができたなら、それは消化吸収されて、異物ではなくなってしまうのです。だから、そこで治療者が「良いお母さん」になって良いものを提供すると、それはそれで良い体験なのですが、でも、本来、本人が扱えないのは「悪いお母さん」との体験ですから、そのままでは、悪いお母さんとの体験は扱われなくなってしまいます。

西平　面白いです……「良いもの」を提供して一時的に楽にするのではなくて、むしろ本人が自分の「傷」と向き合うように仕向けてゆく。本人から見たら、それは苦しいことであるけれども、そうした「こころの展開を手伝う」ことが、長い目で見たら、もっともその

*「フロイトは……クライエント／患者は忘れられ抑圧された乳幼児期のある体験を想起せずに行動化すること、つまり記憶としてではなく、行為としてそれを再生していると述べています。……すなわち、転移は反復強迫性の『行為』であるとフロイトは言います」（松木邦裕『耳の傾け方』岩崎学術出版社、一五〇頁）。

☆ビオンの言葉を使うなら「破局・破局的不安にもちこたえること」であろう。

人のためになる……。

分析での治療者の失敗が治療を成功に導くとは、パラドキシカルな見解である。しかし、それが真実である。わたしたちはよいものを手に入れて満足するだけでは生きられない。むしろ、不遇な苦痛な経験をどのように生きていくのかに、人としての真価が問われる。そのように大上段に構えなくても、乳幼児期に抱えた苦痛を、消せないのでもこころのなかでなんとか対処できるものにすることが生きることに質素な豊かさをもたらす。（松木）

このあたりの話はじつに繊細である。「傷」の根っこと向き合うという課題。実際の場面では、その苦しいワークを引き受ける気になれない人もいるのではないか。あるいは、まだ早い、今はまだその時ではない、というばあいもあるだろう。ならば「この人は大丈夫」という判断は、実際には、どのように為されているのだろうか。（西平）

対話 その四

何回か対話を重ねた頃、私はふと考えた。松木先生はこうした話を「訓練分析」の機会にも語ることがあるのだろうか。精神分析家の「訓練」プロセスにも関心があったのだが、それ以上に、分析家がみずからの実践を意識化することの意味をどう考えておられるのか、その点を聴いてみたいと思ったのである。しかし結果的には、私の側が自分のことを語る機会となってしまった。

西平　この一連の対話では、僕が先生からいろいろ話を聴かせていただいていますが、訓練分析の場面でも、こういう会話はなされるのでしょうか。

松木　いえ、そういう会話はまったくしません。だから、わたしの訓練分析体験*をした人たちが今日の話を読まれたら「松木はこんなことを考えていたのか」と思われることになると思います。なぜなら分析の時間は、わたしのことを知る時間ではなくて、クライエント・アナライザンドが自身のことを知る時間ですから、わたしのことを持ち込む必要はまったくありませんから。

＊ cf.松木邦裕「こころ理解の実践と訓練」『こころに出会う』〔創元社、二〇一六年、八九－一一四頁〕

西平　僕が先生からいろいろ聞き出そうとするように、後継者の方が質問することは……？。

松木　もちろん、わたしに何か言えと、アナライザンドが分析のなかで求めることは当然あります。どう考えているのか言ってもらいたい、と。そのときのわたしたちはたいてい、『あなたは「わたしがどう考えているのか」をいま知りたいようですが、それはどういうことなんでしょう』と伝えるでしょうか……。それこそ「リフレクション」☆ですね。彼ら自身をみる機会にします。

松木　ところで……先生は後継者をどうお考えになるんですか。それこそ、哲学の後継者を……。宗教の後継者はなんとなくわかるような気がするんですけど、哲学の後継者って、どうやって成立するんでしょうか。

西平　よくわからないのです。たとえば論文の指導に限定しても、うまくいった試しがないんです。では、振り返って「自分はどうやって論文を書いているのか」と考えても、それすらうまくわからないのです。

　書くときは、仕方がないから机に向かって何かやっていくと、弾みがついて書くべきことが見えてきたりすることもありますが、でもそうやって言語化できるのはだいたい些末なことです。仮に「哲学する」*ということがあるとすれば、それをどうやって伝えることができるのか、うまく自覚もできていないと思います。

☆この場合の意味は「反射」であり、反射により内省を促すことである。

「西田幾多郎は『物となって考える』という。〈物と対立した私〉が〈物（対象）〉について考えるのではない。〈物と一体となった新しい質の「考える」〉が、その時その場に即して、新たに生じてくる」（西平直『無心のダイナミズム』岩波書店、二〇一四年、一二七-一二八頁）。

自分のなかにあるものへの接近

松木　話がいささかずれてしまいますが……では先生は、なぜ書かれるのですか?

西平　ひとつは、自分のなかで考えを整理してみたいという思いです。もうひとつ、僕のばあいは、以前に書き散らかしておいたものを読み直したときに、「書き直したい」という思いが湧きます。不十分さが見えるとか、「いまならばもう少し整理できる」とか。その意味で、僕は、いったん自分のなかに入ったものしか表現できないですね。

松木　それはでも、ものすごく大事なことですね。入っていないものを書くというのは無責任だと思います。だから先生は、ほんとうに大事な姿勢を持っておられると思います。

ただ、書くというのは詰まるところ、公表することですね。他の人たちがそれを読むことになりますし、書いたら先生の手許を離れます。それについてはどうお考えですか。

西平　一方で僕は、それをかなり気にしているようです。読者の目を気にしていると思います。ところが、その読者というのは、限定できないというか、はっきりしないのです。特定の学会を気にすることはあまりありません。僕は自分の関心に従うだけなので、たとえば世阿弥をテーマにしたときには、教育哲学の人たちはあまり関心をもってくれなかったんです。でも、たとえば「エリクソンと世阿弥」というと、その全体を見てくれる人がいるように感じているんです。もしかすると、そうした人たちの中心に、父がいます。*

西平直喜（1926-）は教育心理学者。青年心理学から出発し、研究方法論に関する考察を深め、後に、独自の伝記心理学を開拓した。著書に『幼い日にきいた心の詩——伝記にみる人間形成物語 1・2』〔有斐閣、一九八一年〕、『青年心理学方法論』〔有斐閣、一九八三年〕、『成人になること——生育史心理学から』〔東京大学出版会「シリーズ人間の発達」、一九九〇年〕ほか多数。

松木　先生の気持のどこかに、お父さんが読まれることを意識して書いておられるところがあるかもしれない、ということですか。

西平　はい。そうであると同時に、それを自分で認めることを抑圧してしまう思いがあるようです。

松木　読み手としてのお父さんが先生の内におられるんですね。

西平　そうですね。

松木　読み手としてのお父さんはあまり批判的な方ではないような感じがしました。『あぁ、今度はこんなことをやったか、これはまた面白いな』と言われるような……。

西平　うーん、なかなか『面白い』とは言ってくれないですけど……。いま「父が」と言いましたけど、たぶんそれが個人ではなくて、ある種の文化人とか知識人の共同体のようなイメージなのです。

それは、たとえば源氏物語を共有しお茶を嗜むような伝統文化共同体ではなくて、戦後民主主義の流れというのか、自由に議論し合えるサークルのような、しかし、そのなかに何らかの宗教性があって、でもそれは、どこかの既成宗教への信仰ではなくて、というそうしたボンヤリとした共同体が、知らず知らずのうちに、読み手になっているような気がします。★

松木　そうすると、先生の執筆活動では、そういう「お父さん的な文化人」という読者がどこかに想定されていて、ご自分の理解や考えが著わされましょう。としますと、それから

★この「ボンヤリとした共同体」によって規定される（拘束される）という問題は、「読者論（受容理論）」とも重なるが、例えば、そこに「岩波文化人」といった具体的な名称が入ると違和感が大きい。

それを本にする、つまり公表したときには、譬えがあまり良くないんですけど、試験の答案を書いたような気持なんでしょうか。それともレポートを書いたような気持、あるいは自分流の作文を書いたような気持なんでしょうか。どんな感じの水準で書かれたものをご自分で評価されるのかな、と思ったものですから……。

西平　たぶん、作文が近いでしょうか。自分では、絵を描く作業に似ていると思っています。何号くらいの絵を描こうか、とか。僕のなかでは、絵を描くのは何のためかという問いと、本を書くのは何のためかという問いが重なり合っているのです。

松木　なるほど。絵を描いておられる感じなんですね。たとえば油絵のように重ね描きするものもあれば、そうではないもっとシンプルなデッサンもありますね。先生のおっしゃっているのはどういう感じの絵なんですか。

西平　そこで絵のメタファーが崩れてしまうのですが、削り取っていくイメージなんです。

松木　あぁ、そうなんですね。

西平　はい。その意味では彫刻*のほうが近いのでしょうか。いろいろ膨らんだものからはぎ取るかたちで、自分のラインを作りたいということですね。

松木　じつはわたしも「削る」イメージなんです。先生のいまの彫刻の譬えそのもので、まず大雑把なものをいちおう書くけど、いや、正確に表現するなら、最初のものを大雑把に書いているつもりはないのですが、読み直すと明らかに雑なのです。そこからどんどん削っていきます。推敲を加えるというのはそういう作業だと感じていますが、「絵」のイメー

sculpture
彫刻・彫塑／模様／風雨などによる地形の変化
sculpturesque
彫り物のような／目鼻立ちの整った・堂々とした

ジは、僕は持つことができていないものです。先生がおっしゃっているのは、完成したもののイメージが絵だということでしょうか。

行きつ戻りつ　深まる

西平　そうですね。その「完成」という言葉の意味が微妙なんですが、どこかで「断念」というのでしょうか……、「ここまでにする」「これでいいことにする」という気持ちです。「欠けた部分がいっぱい見えてしまうけど、今回はこれを一里塚とする」という感じでしょうか。

松木　しばらくそれを置いたうえで、またそれを読み返されるんですね。いまのメタファーでいえば、以前に描いた絵を自分なりにもう一回見直して、もう一回新たに絵を描いてみる、ということですか。

西平　ここ数年、その感じが強くなってきました。これまでは書き終わると、他にやってみたいことが現れてきて次々と別のテーマに移ってきたのですが、ここ数年はむしろ、いままでに書いたものを違うスタイルで表現してみたいとか……。たとえば世阿弥を使って学生たちに話をするときには、本*に書いた時の文体とはぜんぜん違うのですが、そういう違う媒体で表現したいという思いが、いまは強いです。

松木　それは面白くて新鮮ですね。テーマは一緒なんだけど、表出対象や著述技法を変えて

＊西平直『世阿弥の稽古哲学』〔東京大学出版会、二〇〇九年〕

みるという視点を加えられたんですね。

西平　たとえば、です・ます調で書けばまったくニュアンスが違いますよね。ですから、市民講座のようなところで話すことを念頭に文章にすれば、だいぶ柔らかい感じになります。小さいエッセイを書くのはこれまでも好きだったのですが、いまはむしろ、そういうエッセイに近いスタイルをきちんとしてみたいということでしょうか。

松木　それというのは、一直線に追究するのではなく、もっと余裕といいますか少し遊びを持って、横の拡がりを先生が楽しまれるようになっているとわたしは感じます。

西平　そうかもしれないですね。

松木　そういう方向と、より深く入っていこうということとの「両立」の感覚は、どうなるのでしょうか。

西平　難しいのですが、「両方欲しい」と思います。いまは西田哲学がひとつの方向ですが、西田について書くときは、まだまだとても遊び心を持っては書けないというか、あらゆる批判の目を気にしながら書いていくような感じですけれども……。

松木　むしろ、両方あるのが、いまの先生としてバランスを保って考え書かれる姿勢なんでしょうか。

西平　そうかもしれないですね。

精神分析家にはアナライザンドという新たなものを直に提示してくれる、あるいは自身の考えや見解をリフレクトしてくれる対象が存在する。わたしたちは患者から学べる。一方、哲学にはそれはない。ひとりの道である。だから、遊びと没頭的専心のどちらもが重要なのだろう。もっと聴きたいと思う。（松木）

無心

——平等に漂う注意「もの想い」

「無」や「空」をどう理解するか。あるいは、「無」と「空」はどう違うのか。そうした大きな問題に向かって対話は進んでいった。正確には、後から振り返って見ると、そちらに向かっていたということであって、最初から予定していたわけではなかった。

まず、「ひとつの固定した枠組に収める」という発想が問題になった。続いて「順序立てて語る」という問題が出てきた。あるいは、後になって初めて「自分には見えていなかったと分かる」という問題。

体験のなかでは「いくつもの流れがいっぺんに動く」。しかし文章は「ひとつの流れ」しか表現できない。そのひとつの流れのなかに、いかにして「いっぺんに動くいくつもの流れ」を組み込むか。対談において話題になったその困難に、まさにいま私たちは、この本を編集しながら直面している。

Tadashi Nishihira *Kunihiro Matsuki*

対話 その一

「ひとつの固定した枠組に収める」という発想。定義を明確にし、あいまいなところを残さない。そうした発想の限界はしばしば、西洋と東洋の違いと重ねられ、西洋の限界として語られてきた。ところが、実際には、枠組がしっかりしているからこそ、逆に「それだけではない」部分が活きることがある。「区切る」ことによって初めて「はみ出す」部分が見えてくる。ではその両方を描くためにはどうしたらよいか。「区切り」の内側と外側、あるいは、「区切る」ことと「区切らない」ことの両方を描く試み。相容れないものを同時に表現しようとする試みに含まれる困難な問題である。

西平 ところで、精神分析と臨床心理学は、発想が同じなのでしょうか。

松本 わたしにとっては同じです。臨床心理学というのは「臨床ケースに基づく心理学☆」という発想ですから。ただ、臨床における方法論としては、精神分析のほうがはるかに厳密です。フロイトの頃は週に六日間、日曜日以外は患者と会っていました。そのうち、世間

☆ここでの臨床ケースとは「個別のケース」を指しているのであって、集団化して数値化する方法は含めない。個別のケースを丹念にみていると、集団化できないことがわかってくる。それは「木を見て、森を見ず」ではなく、臨床とは「木」を見ることの実践であることが理解されてくるからである。「森」を見るのは森林管理者か研究者に任せておけばよい。【松本】

が週休二日体制に移行し、それにともない週五回になりました。そして現在は「週四日までは精神分析として認める」ということになっています。あるいは「週四日は、現代社会では多すぎる。週三日にしろ」という考えも出てきてはいます。☆そういう方法的・構造的な枠組は、精神分析が固執している部分ですね。

西平　方法や構造において、精神分析と臨床心理学はパラレルである。そのばあい、精神分析が守ろうとしている厳密な型は、臨床心理学の「典型」と考えてもよいのでしょうか。

松木　典型というか「原型」ではないでしょうか。わたしはさほど知りませんけれど、仏教でも、基本になる原型があって、その厳密な枠から離れたり、戻ったりしながら、いろいろ系譜ができてくるのではないでしょうか。

それだけではなく

西平　そこは面白いところです。精神分析でいえばフロイトが出発点でしょうけど、しかしそのフロイトにしても、その理論が一義的に固定してあるわけではなくて、後の人たちがあれこれ解釈し、フロイトも多様に理解される。同様に、仏教においても、その出発点の釈迦の思想をどう理解するか、さまざまな理解が成り立つわけです。ましてや、テキストの編纂という話になり「後の人が付け加えたに過ぎない」という議論が入ってくると、もう収拾がつきません。

☆　現在は国際的には、週に四回以上の頻度で精神分析セッションをもつ場合を「精神分析」、週三回以下の頻度の場合を「精神分析的心理療法／精神分析的精神療法」と呼んでいる。週一回以下の頻度の場合を「力動的精神療法／力動的心理療法」と呼ぶこともある。

キリスト教のばあいは、大きくいえばローマの総本山があって、一応、聖典を決め教義を確定するわけですが、仏教のばあいはそうした意味での「正統」を一義的に固定せずに、あらゆる方向に展開することをよしとする。というか、結果的にそうなってしまったようです。少なくとも「正統か異端か」という話にはならなかったということです。

松木　西欧の一神教のばあいには、すぐに「正統か異端か」ということになりますね。

西平　そうですね。正確には「西方キリスト教★」という限定がつくのでしょうけど、そうなりがちであったことは間違いありません。それに対して、仏教のばあいは、たとえば華厳哲学の「華厳」という流れは、ひとつの正統として力を持ちましたけど、しかし南方から見れば、たとえばタイに広がった仏教から見ればまるで別物であって、華厳思想は中国に入って変容した仏教ということになります。そういう意味では、ひとつの固定した枠組に収めようという発想は無かったように思います。そうした点が、西洋的な発想とアジア的な発想との違いということになるのかどうか、よくわからないのですけど……。

松木　先日、ある精神分析セミナーでビオンの精神分析を話しました。ビオンは「記憶なく、欲望なく、理解なく」と表現しますが、そこのところをフロイトは「平等に万遍なく漂う注意を向けよ」という表現をしています。フロイトの表現がヨーロッパの考え方だと思うんです。「これがあるから、こうなんだ、だからこうしなさい」という、筋の一貫したギリシア論理です。ところが、アジアというか、インドより東側の発想というのは、ビオンが使った表現のように、「これがある」というより、「これではない、あれではない」という

★「西方キリスト教」は、「東方キリスト教（東方正統教会）」に対して、カトリック、プロテスタント諸派を指す。「東方キリスト教」の守備範囲は規定が難しいが、例えば、ロシア正教、ギリシア正教、シリア正教会など。カトリックやプロテスタント諸派とは大きく異なる信仰・習俗を持つ。【西平】

発想が明らかにあります。☆
　先生のご本にも関連すると思うんですけど……。そういう「あれではない、これでもない」という発想は、「だから、こうだ」とした枠を作らないから、排他的になりにくいのではないかと思います。「こうであるからこうである」と規定したら、「これではないものは違う」となりますから、排他的になるでしょう。そのように論理展開の基本が異なるところが、枠が厳しい一神教的な排他になるか、東洋的な「それもあるかもしれない、これもあっていいかもしれない。これではないしあれでもないんだけど、でもここにあるんだね」という枠を緩めた発想との違いにつながるのかな、と思いました。

西平　先生のお書きになったものを読んで共感するのは、ところどころに見られる、そうした東洋的な発想です。同時に、おもしろいのは、フロイトが明確に枠を決めようとしたという点で、その枠がしっかりしているからこそ、逆に、先生の「それだけではなく……」が活きてくるように思います。そうした緊張関係というのか、そこのところがとてもおもしろいと思います。

松木　おっしゃるとおりだと思います。わたしなんかは、典型的な戦後教育を受けていますから、学校では、ヨーロッパ的な思考法を正統かつ獲得すべきものとして教えられてきているると思います。でも、小さいときのわたしが育った文化は、そういう思想の裏づけがある文化ではありません。家のなかに神棚と仏壇があって、毎朝どちらにもお茶やご飯をあげて母親が拝んでいる、そういう環境で育ってきた人間です。*

☆ビオンは六歳までインドにいて、お母さんより乳母と親しかったようである。インド人の乳母からもたらされた発想なのかもしれない。

松木邦裕　一九五〇年　佐賀市生れ
西平　直　一九五七年　甲府市生れ

学校で仕込まれた頭で、できるだけ物事を同定して、それらをリニア（線的）につないで理解しようとしますし、そういう理解に基づくほうが人に伝えやすいという感じがあります。ところが、そこに収まらないものがどうしても発生してきますね。でもそれを「線」的な展開に持っていこうとしてしまうところが、そのためには収まらないものを切り捨てる作法がわたしにはあるんですが、「それでも、リニアな考え方に収まらないものがある」という事実に出会い続けているような感じがあります。

反転のダイナミズム

松木　先生のご著書『無心のダイナミズム』の非常に優れた点は、この「ダイナミズム」をきちんと表現されたところなのではないかと思います。これまでに追究されてきた〝無心〟は、最終的に、ある種スタティックな形を提示していると思います。西欧の人たちに提示するときにはそうならざるを得ないのでしょう。でも、そこに収まりきらないものがあることをわかられていて、先生は最初から「ダイナミズム」という表現で示されています。ほんとうに、そのとおりだと思います。

西平　ふつう〝無心〟というのは、ダイナミズムとは逆の、静かに落ち着いた状態と理解されがちなのですけど、いろいろ話を聴いてみると、むしろとても動的なのです。イメージとしては、「無心は反転し続ける」*と感じたわけです。

「無心という出来事は『何かが消えると何かが生じる』というプロセスから成り立っている。例えば、心の働き（日常意識）を消してゆく。その時、消してゆくという局面に光を当てて語るのか、それとも、消え去った後に光を当てるのか。あるいは、新しい『何か』が生じるという局面に光を当てるのか……。」（西平直『無心のダイナミズム』岩波書店、二〇一四年、一二五-一二六頁）

それでいくと、先生のご本もまさに「反転」し続けるように感じられます。『耳の傾け方』でいえば、たとえば「注意を向ける」と「注意を向けない」がいつもセットになって語られますね。「立ち止まって考える」と「立ち止まらない、流す」が、いつも行ったり来たりというのか、ないしは、それを同時にやれというのか。

松木　先生がおっしゃるように、相容れないものを表現しようとしています。ただ、文章というのは「ひとつのリニアな流れ」としてしか成立しません。体験そのものは、いくつもの流れがいっぺんに動いていますね。☆いくつもの流れが動く体験を文章にするには、文はひとつの流れしか表現できないから、そのひとつの流れのなかにどう組み込むか、という不可能な作業に挑むことになります。ただ、「できるだけ組み込みたい」と思いながら書いてみた、という思いは確かにありました。

わたしたちの体験は幾つもの感覚データが集積された幾重もの物語りの集積であろうとわたしはみている。それらの感覚データが示すものを把握したいと、わたしはまずリニアに整えようとしてしまう。しかし西平先生は異なっておられるようである。幾重もの物語りをそのままに置いておくことがおできになる。羨ましいところである。（松木）

☆文章もそうであるが、ことばで伝えるときも、ひとつのリニアな流れが構成されている。いわば「物語り化」である。しかし〝こころ〟では常に複数・多数の流れが同時に走っている。

対話 その二

体験においては「いくつもの流れがいっぺんに動く」。しかし文章は「ひとつの流れ」しか表現できない。そのひとつの流れのなかに、いかにして「いっぺんに動くいくつもの流れ」を組み込むか。「順序立てて語る」ことをめぐる問題、あるいは、後になって初めて「自分には見えていなかったことが分かる」という問題である。

西平 先生はこの本(『耳の傾け方』)のなかで「ステップ」*という言葉をお使いになりますね、1から7まで。これは、初心者というか、学ぶ人たちのために、あえて順番を付けて提示したと理解してよいでしょうか。

松木 はい。あえてといいますか、たとえば大工さんがいろいろな技術を身につけるときには、学ぶ順番があると思うんです。そういう意味での、ひとつの実践上の学ぶ手順です。もちろんそのとおりに進まなくてもいいですね。その人の得意・不得意があるから、順番を入れ替えていいんですけど、でもオーソドックスな手順を示すなら、こういう順番で学ぶ

ステップ1 語り表されることをそのままに受け取り、そのままついていく。
ステップ2 離れて、客観的に聴く。
ステップ3 私たち自身の体験、思いとして味わい聴く。
ステップ4 同じ感覚にあるずれを細部に感じ取る。
〔『耳の傾け方』岩崎学術出版社、二〇一五年、三二頁〕

ことで、きちんとした技量が身につくだろうと考えて、ステップ1・2・3・4と表現してみました。

西平 しかし、じつは常に全部がそこにある。つまり〝全体同時〟と理解してよいでしょうか。

松木 そうですね。おっしゃるとおりです。「1が済んだから2に行く」というものではないんです。また、〝全体同時〟になければ、有用に機能できないでしょう。

西平 そのあたりが、東洋の伝統思想、とりわけ大乗仏教の語りと似ているように感じます。順序を区別し順序に沿って語るのは、相手に伝えるための方便にすぎない。★ わかってみれば、じつは「常にすべて同時である」あるいは「無時間である」というわけです。しかし、では「無時間的な真理」のみが本当の真理であって、方便は単なる手段かというと、そうではなくて、究極的には、「時間軸に沿った真理」と「無時間的な真理」とは同価値である。

「即」の発想

西平 そこに〝即〟という言葉が登場します。即という言葉はさしあたり〝全体同時〟を表現すると理解されます。そのために〝即〟を使われる先生方は、順序立てて語ることを嫌うわけです。順序というのは物事を分けた考え方である。物事は分かれずに常に全体としてダイナミックにはたらいているというわけです。

しかし、「分けて考える」立場に対して「分けずに考える」立場を優位とするということ

★「方便」は、さしあたり、目的のために利用される便宜的な手段。仏典において、衆生を教え導くための「仮に設けられた教え」を意味する。その意味では、本当の真理に至る前の仮の真理と理解されるが、大乗仏教の理論においては、すべての真理を悟ってみれば、まさにその「仮の姿」が、そのままで最高の真理であると納得されることになる。

は、じつはその両者を「分けて」考えていることになる。★ですから〝即〟の発想を徹底していけば、「分ける」と「分けない」を分けないことになる。正確には、「分ける」と「分けない」は区別されるが、つながっている。あるいは、互いに入れ替わる。先の話でいえば、〝全体同時〟だけが優位なのではなくて、「順序立てて語る」語りと、「すべてを全体同時と見る」語りとは、同価値であり優劣はないということになると思います。

松木　おっしゃるとおりに思います。

聴くというところに戻りますと、初心者の人はきちんと聴けているつもりなんです。その人なりに一生懸命に聴いているから、その人としてきちんと聴けていると思っています。だけど、それこそ〝即〟が体験できる人から見ると、その聴き方では聴けていない部分があるわけなんです。☆初心者で自分はしっかり聴いているつもりの人には、それはわからないんですね。後になってからわかることなんです。後になって他の聴き方ができるようになると、「あぁ、あのときは、あの聴き方しかできていなかった」とわかるようになるでしょう。

別の表現をすれば、いろんなものが実際には目に入っているのですが、自分の視線が「とらえているところ」しか見ていない、という事態と似たようなものではないでしょうか。たとえば分析に来ている人には、通って三年くらい経ってから『ここに絵がありましたか』と言うことがありました。部屋に入ったときその正面に飾られていますから、毎回、目に入っているはずなんだけど、見えていなかったんですね。

特に訓練しなくても聴ける聴き方を、初心者はまずやっているでしょう。一般的な聴き

★「分ける」と「分けない」を分けない、という点については、西平直『無心のダイナミズム』第六章、あるいは、『誕生のインファンティア』Ⅳ-4。

☆「私たちは自分自身の内的世界を意識的に理解していくこと、内的世界をそれとして客観的に見ていくことによって、内的世界と現実外界を識別できるようになってきます。ですから、この内的世界を知覚し区別していく作業を通じて内外の混同を防ぎ、外界を歪みなく知覚していけるわけです」（松木邦裕『対象関係論を学ぶ』岩崎学術出版社、一九九六年）――これは、「現実を現実として認知することは、内的世界すなわち無意識的な空想部分をそれとして意識的にとらえて識別することで初めて可能になる」ことを述べている箇所である。それは、見えていなかったところを見ることであり、聴けていないところに気づくことで、聴けていたところの輪郭がつくられることに通じる。

方ですね。その段階で「あなたはこういう聴き方をしていますね」、次に「こういう聴き方もありましょう」と示すこと、それがステップで表しているところです。そうしてもうひとつのの聴き方がわかったときにに「自分できてているつもりだったけど、ぜんぜんできていなかった」とわかりますし、「あぁそうか、聴き方にはいろいろあるんだ」とわかるところに行き着くと思います。

西平　なるほど、行き着いてから、初めて、自分には見えていなかったと気づく……。

松木　わたしが最初に医者になったとき、心療内科*に入ったので、基本的には内科医としてのトレーニングを受けました。☆たとえば患者さんが来て『お腹が痛い』と訴えたら、お腹が痛い原因を探さなければいけません。胃潰瘍かもしれないし、ガンかもしれないし、胆石かもしれないし、腹膜炎かもしれないとか、さまざまな可能性を頭に置いて、その人のどの臓器のどこが悪いのかを見出すための検査法を思い浮かべ、その検査を必要に応じておこないます。そして原因を見立てて、それを検査結果で判断して、治療を始める、というやり方です。基本的に科学の方法モデルで診るわけです。

その後、三年経って精神科に移りました。目の前に統合失調症の人が座っています。するとわたしはどうしても、その人の精神症状を見つけようとするし、見つけた精神症状を治すための治療法、要するに薬の選択などを考えるわけです。当時のわたし自身はそれに違和感がありません。そうやっているとは、わかっているようでわかっていなかったのです。ところが、教授がわたしにときどき『きみはまだ精神科医になっていない』と言うん

＊　一九六一年に九州大学医学部附属精神身体医学研究施設（初代教授：池見酉次郎）が設立され、その翌々年に九州大学医学部精神身体講座「心療内科」が創設された。

☆　いわゆる「心身症」をみる内科系診療科として全国で初めての創設である。今日まで「心療内科」を標榜する大学病院診療科は幾つかしかない。「心療内科」「心療科」を標榜する病院やクリニックでは、実際には心療内科医ではなく精神科医が診療していることが多いのが実情である。

です。そう言われていても、わかっていないから、「一生懸命やっているのに、嫌なことを言うなぁ」とは思いますけど、わからないままです。

ところが、臨床経験を重ねていったときに初めて見えてきます。、精神科の患者さんでは、表在化している症状も確かに問題だけど、露骨に現れる症状は症状のほんの一部であって、欠落したサイレントな症状も、症状といえるかなんとも微妙なものもあったりしています。さらには、そういう症状も含めて「その人というパースンの全体像」を見る必要があります。「その人がいったいどんなパーソナリティで、誰とどんな生活をしているのか、どんなふうに生きてきたのか」という、その人のあり方全体を見る多数の視座を獲得しておくものなんです。それらを得て初めてわかります。

後になって、確かに教授が言っていたように、自分はあの時点では精神科医になっていなかったんだな、と思いました。でも、それがほんとうにわかるのに十年以上かかったと思います。そして、「何がどう違うのか」ということを言語化できるのに、さらに十年以上かかりました。

後になって分かる。他の聴き方ができるようになって、初めて「あの時はあの聴き方しかできていなかった」と分かるようになる。そうした意味において、時間軸に沿った変容プロセスを理解することは、とても重要なことである。

ところが、その変容プロセスの最終盤に至ってみると、実は、最初の時も、単に一面的というわけではなかった。実際にはすべてが存在していた。しかし混在していた。体験の中ではすべてが同時に動いていたのだが、気づくことができなかっただけである。実は、体験としては、どの段階でも、すべてが同時に全面展開している。

東洋の思想、とりわけ大乗仏教は、その「全体同時」を強調する。そのため、時間軸に沿って順序立てて語ることを、一段低く見る傾向があった。むしろ、無時間的に、すべてを同時に見通す眼こそ最高であると理解したのである。

しかしそこに優劣を見るのはおかしい。無時間的な全体同時も、時間的な順序立ても、見方は違うがどちらも同じだけ重要である。むしろその両者を併せ持つことこそ大切なのではないか。その点について話し合った箇所である。（西平）

経験から学ぶことは、たいへん難しい。学ぶためには、経験を分割する必要がある。さらに、それを分節化して意識化する必要がある。そしてさらに、それらを繋がなければならない。なによりその途中に発生する空想的万能の断念の苦痛にもちこたえなければならない。すべて時間が必要である。それらを為しえたとき、〝全体同時〟を体感できる態勢が整うのかもしれない。その態勢を創るまでが修行であり、それからも修行なのだろう。（松木）

対話 その三

「無」や「空」をどう理解するか。あるいは、「無」と「空」はどう違うのか。

松木　西平先生にうかがいたいことがあるのです。〝無〟と〝空〟はどう違って、どう同じなんでしょうか。「無心」という言葉はありますけど、「空心」という言葉は聞いたことがありません。

西平　そうですね。一般論としては区別できないと思います。つまり、人によって使い方が違うといいますか、オーバーラップしてしまいます。ただ、〝空〟とか〝無〟とかを考えるときに、まず否定していく方向といいますか、たとえば、「執着から離れる」とか「自分の意図から離れる」とかといった方向があります。それを〝無〟と呼ぶとすれば、今度は、その「行きついた先」の出来事、つまり「空っぽであるからこそ、そこから新しいものが始まる」という方向が、あります。* そのふたつの方向のどちらを強く読むかによって、同じ〝無〟や〝空〟でもニュアンスが違ってくると思います。

* 「無心に達した時に生じてくる出来事。鈴木大拙はこの局面を『受動性』と呼ぶ。すべてを受け入れ、授けられるものをそのままいただく。そのためには、開いていなければならない。開いていないと入って来ない。そして『開く』ためには『捨てる』必要がある。自己が『空』になっていなければ入って来ない。」（『無心のダイナミズム』二七頁）

松木　先生のいま仰ったことをわたしなりに言ってみますと、「無に向かっていく」あり方を実践していくと、そこに「空が発生する」ということになりましょうか。ダイナミズムとしては、「無に向かうダイナミズム」が作動することですね。そうすると、「そこに発生する現象が空である」と捉えられるのかな、と思ったんですけど……。

西平　その用語法は可能だと思います。ただ、それが誰にでも通用するというわけではありません。このあたりは、人によってぜんぜん使い方が違っていますから……。

松木　〝空〟というのは三次元で、立体ではないですか。平面には〝空〟は存在しないのではないですか。カラと言ってもいいんだけど。でも〝無〟というのは二次元でもありえますね。何も書いていない紙は無記載で、空記載ではありませんね。

西平　なるほど。

松木　〝無〟というのはゼロと考えると二次元だから、ベクトルが定めやすいと思います。向かっていく線になれそうです。だから、「無に向かっていく」ことはできそうに思いますが、「空に向かっていく」というのは、茫洋としてかなり難しいように感じます。

西平　なるほど。〝空〟を英語にするときに、void*という言葉を使うことがありますね。

松木　そうですね。voidというのは、もともとは「欠けている」という意味でしょう。もうひとつ、「虚しい」という意味のvain*という言葉があります。このふたつは有縁ではないかと思います。たとえば失恋したときにvain虚しい、空虚だったりします……「欠けている」感じです。ところが〝空〟は「欠けている」のではないんですね。

void
a landscape void of all beauty（美しさの全くない風景）

vain
vain promises（空約束）
All our efforts were in vain.（我々の努力は水泡に帰した。）

西平　いまの「欠ける」という言葉は、「満ち欠け」における欠けていない部分を前提にしていますね。もしかすると〝空〟は動きをもっているのでしょうか。

松木　そうですよね。「空」はクリエイティブでありえるものですね。

西平　まさにそこです。

松木　ところがvoidは、クリエイティブにはならない言葉なのではないでしょうか。

西平　おもしろいですね。

松木　そこにはやはり、ヨーロッパの価値観が関係しているのかなと思います。西欧に発展した科学的思考のように、着実に積み重ねる考え方ですから。レンガを積み重ねて家を造るように。

voidを〝空〟と訳したばあい、それは基本的に避けたいものじゃないでしょうか。「あったほうがいいものがない」のだから、voidは生じないようにしたいでしょう。英語圏の人はよく、perfect*という言葉を使います。パーフェクトな子ども時代だったとか……、「子ども時代はとても幸せだった」というニュアンスを伝えるのにperfectを使うわけです。こちらへのレスポンスにPerfect!という返事を返したりもしますね。そういう「欠けていないこと」が良いのです。できれば「満ちっぱなし」がよいのでしょう。

でも、日本の文化は、月が欠けることにこそ良さがあるという捉え方を積極的にするじゃないですか。そういうニュアンスに近いのでしょうか、〝無〟を積極的に求めようという発想は。★精神分析の話に戻ると、ビオンが「記憶なく、欲望なく」と言うと、「なにを言っ

＊perfect
a perfect day（すばらしい［愉しかった］一日）
a perfect circle（完全な円）
a perfect stranger（赤の他人）
He has a perfect swing.（彼のスイングは実に見事だ。）
She is perfect in math.（彼女は数学にすぐれている。）

★岡倉天心「不完全の美」が思い出される。不足の美、未完の美、余白の美などとも形容される、不完全であるが故に生じる「動き」の美学。岡倉によれば、「本当の美しさは、不完全をこころのなかで完成させた人だけが至りうる。*True beauty could be discovered only by one who mentally completed the incomplete.*」

ているのかさっぱりわからない」という人が出てきます。でも、ビオンが言いたいのは「記憶なく、欲望なく」耳を傾け観察していると、そこから現れてくるものが見えてくるんだ、という創造的なことなんです。☆

内から生じる動き

西平　僕の原イメージは、「呼吸」なんです。息を吐いて吐いて、吐ききったら、あとは吸うしかない、とでも言うのでしょうか。酸素を摂り入れることが大切なのですけど、息を吸うことが大切とだけ言ってしまうと、無理して吸うことになる。むしろ、吐いて吐いて、吐ききったら、からだは自然に、吸い始めます。息が自然に入ってきます。それと同じように、〝空〟になったときには、あたかも「真空」のように、強い力をもって吸い寄せてしまう。「次の動きを内側から生じさせる力」を秘めているという感じでしょうか。

松木　先生もご存じかと思いますが、過呼吸という病態があります。不安になったときに呼吸がハアハア苦しくなるという、主にヒステリー系☆の人がなります。過呼吸の人は『息が吸えないです』と言うんですけど、ほんとうは「ちゃんと吐けていない」んです。ちゃんと吐く前に吸おうとするものだから、あまりに短い周期でやってしまって、かえって苦しくなるんです。だから、先生がおっしゃるとおり、望ましいことの反対をやってしまっているのが過呼吸なんです。ただ、やっぱり「吐いて吐いて、吐いたままにすると、どうな

☆一九六七年に『精神分析フォーラム』誌に「記憶と欲望についての覚書」が掲載されたとき、シカゴ精神分析インスティテュートのFrench, T.M.は討論を「私はW・R・ビオンの論文がまったく理解できない」と述べることから始めている。また、フィラデルフィア精神分析インスティテュートの訓練分析家であるHerskovitz, H.H.は討論のなかで「ビオン博士の論題は、とどのつまり、非論理的と言わないわけにはいかない」と反撥している。

☆今日の生物学的治療の向上のための診断基準には入れられなくなっているが、パーソナリティの見立てとしての「ヒステリー」は臨床上、極めて有用である。

ヒステリーの特性を私は「対象関係での対象を希求し、対象を敏感に知覚し反応すること、情緒の誇張が使えること、欲動では、愛情欲動の優勢、思考水準では、目覚めていて夢見る能力による、夢思考・夢・神話水準の思考が活動する」ことを挙げた。〔松木、二〇〇九年〕

ってしまうのか」と不安にもなるでしょうね、先生のように体験的な学びがないときには。

西平　ほんとうにそうですよね。

松木　意識的にそういうことをやると不安が高まるから、ブレーキがかかるのでしょう。でもわれわれは、意識しないときこそ、吐いて吸って、ちょうどいいくらいのことをやっていますね。かえって意識すると、呼吸は難しいですよね。

〝空〟とか〝無〟というのは、いわばそういう状態なのかもしれないと思いました。ぜんぶ意識して、吐いて吐いて吐いて、それから吸って吸って吸ってを両方徹底してやった人と、一回もそれをやったことがなくてただ日常的に呼吸をしてきているのは、違うのかもしれないですね。* 極端になりますが、それが、修行をした人としていない人の違いみたいなものかもしれないな、と、お話を伺っていて思いました。

「無」と「空」は、臨床経験を概念化していくときに区別が難しいとしばしば感じるものであった。しかし、無にはダイナミズムがあり、空には創造性があるという西平先生の御示唆は、その区別への大きな貢献とわたしは思う。（松木）

＊「息を吐き終え、息が無くなった一瞬、しかし、まだ息が入り始めるまでのあいだに「すき間」がある。……時に、その「すき間」が、ゆったり、長く感じられる。……ではその一瞬の「すき間」が無心なのかと云えば、そうではなくて、そのすき間の前後、息が入れ替わる出来事が無心である……」（『無心のダイナミズム』一三八頁）。

対話 その四

西平 「クローズドな世界が溶けていく」*という話がありました。有心の世界の枠組みが崩れてゆき、溶けてしまう。その行き着いた先を〝無心〟と置くと、禅の体験も、ある一面、そういうふうに「融けだしていく経験」に重ねてもいいものなのですか。

松木 わたしは禅についてしっかり勉強したことがないので、そこにどうお答えしていいのかわからないんですけど、やっぱり禅の人というのは、ある時期まで修行をかなり重ねて、一回、自分を解体させて、みずからの世界をつくり直しているのではないかと思います。その解体させた感覚を保つことの大事さというものを実践されているのが、禅のその後のあり方かなと思うんです。

先生が書いておられた、道元が中国に禅の修行に行ったときに料理人の人がいて、という話があります。★ その料理人の人のあり方というのは、修行で一回自分を壊して、その後また自分をまとめた人が、壊した体験の大事さというものを保つあり方として、日々料理をしていて、日常であるけれども日常でない部分も持っているという、なにかそういう姿

＊ 本書【はじまりの対話】〔七頁〕。

★ 若き道元が宋に渡り、最初に出会った典座（僧院の食を司る役僧）のこと。道元『典座教訓』に詳しい。

みたいなことかな、と思いました。

ずっと壊れたままでいることはできない。やっぱりまとめ直さないと、生きていけないですよね。ですから、まとめ直したときにどうなるかという、その一般の人とは違うあり方のひとつのモデルとして成立しているのが、禅のお坊さんの生き方なのかな？　と、ちょっと勝手な話ですけど思いました。

西平　日々座るというのはある意味、毎回「解体」を体験し直しているというのでしょうか。そういう意味では、毎回、沈んではそこから出てくるように思えますね。

松木　おそらく毎回、座禅をすることで、クローズドになっている世界を開くというところが、それを開かせる機会として座禅をするというところが、あるのではないだろうかと思います。

西平　ほんとうにそう思います。そうすると、たとえばお茶の世界だと、お茶の作法といいますか、それがそのプロセスになる。先生が「場面を設定していたら」とおっしゃった、*その設定が「芸道」なのですね。同じことを繰り返すなかで、それがクローズドなものを緩める。

ゆるめて　開かれて

松木　はい。いわゆる面接室のようなわたし自身の分析室に入って自分の座るところに座る

* 本書【はじまりの対話】〔九頁〕――「設定を確実に維持していたら……」

と、日常の感覚から変わるんです。そういう設定のなかに身を置くことによって、感覚が変わります。そこに座ったときに、日常のいろんなことを現実的に考えて対応して、ではなくて、そこでいわば宙に浮いたような頭になるんです。

　そして、そこにクライエントが来ていて、クライエントが連想していくのを聴いているなかで、クライエントの語る世界にだんだん自分を置き始めるというか、その世界にチューニングするというか……。チューニングという言葉は操作的すぎるので、あまり使いたくないんですけど……。☆分析セッションが始まったら最初からその人といる態勢にある、というわけではぜんぜんないんです。

　もしそういうふうにしているとしたら、それは治療者のかなり意識的なあり方であって、初心の頃はそういう態勢で面接してしまうんですけど、ある程度経験を積むと、いま話しましたように、最初はとにかくフワッとした緩んだ自分で、「なにが来るのかな?」「今日はこの人は何を持ち出すのかな?」「なにがこの部屋の空気になるのかな?」という、受身的で開いた感じでいることになります。それから、クライエントが持ち出した、その言語的な刺激や非言語的なしぐさを受けて、わたしもその人とのこれまでの体験を体感的によみがえらせたり、他の何かを思い浮かべたりしながら、その人の連想がもたらす世界を一緒に味わっていくというか、一緒に見ていくというか、そのように進んでいく感じです。

西平　なるほど、そのためにクローズなもの*を緩めるのですね。

松木　やっぱり、世界に開かれていないと駄目なんです。こちらの頭のなかにたまたま、た

☆チューニングという主体的操作ではなく「クライエントの世界の一部になるに任せる」という表現がより適切かもしれない。

＊本書【はじまりの対話】〔七頁〕——「人間というのは内に、常に『まとまって閉ざされた自分の世界』をつくり上げているじゃないですか……」

とえば「いま母親が危篤だ」というような心配事があったら、開かれないんです。もうその現実の状況にこころがつかまっているので、分析的治療者として機能できなくなっちゃうんです。たとえば面接を始める前に車の接触事故を起こしたとかがあったりすると、頭のなかがそのことで一杯になっていて、クライエントの世界に一緒にいることはできなくなっちゃうんです。そういうことがまた実際に起こってしまうんです。そうするとクライエントも、「なんか今日は治療者の様子が違うぞ」と気がついたりするわけですけど。

西平　そのあたりは敏感でしょうね。「空っぽにしておく」といいますか……そこには、なにか特別な言葉があるんですか。

松木　そういうこころの態勢のあり方のひとつの表現がfree floaing attentionです。* evenly suspended attentionとも言います。それをビオンが言い換えたのが、"No memory, no desire, no understanding."という言葉です。

西平　ああ、やっぱり「漂う*float*」という感じですか。

松木　そうですね。確かに、「漂う」という言葉はかなり適切な言葉のように感じます。まったく直線的ではないということですね。

西平　固めてしまわないということですか。沢庵なんかはそんな言い方ですね。

松木　哲学で「宙吊り」という言葉があるようですね。その用語がよく出てきている博士論文があったりして、「宙吊り」という表現があるんだなと思ったんです。宙吊りというのは、吊るされていますから自由ではない感じがするんですけど。そうではなくて、宙に浮いて

* 「……この言葉は、『均等に・偏ることなく*gleich*』と『漂う・浮かぶ・揺れている*schweben*』を一息につないだ心の動きを描き出す。一か所に留まることなく、揺れ続けること。もし大拙翁がこの言葉を目にしていたら、『無心の気遣い』とでも言い当てたのではなかろうか」〔『無心のダイナミズム』一四二頁〕。

いるという感覚ですね。

西平　漂うような……。だから、宙吊りというのは「脱構築」という話と重なりながら、知性の枠組からずれることによって宙吊りになるという、そんな話ですかね。

松木　だから、脱構築と先生がおっしゃるように、これはひとつの「緩めること」ですよね。構築されているということは、もう形が出来上がっているという意味だと思いますから。やっぱり人間は、ある種まとまった形にして自分のなかに確保していないと、世界を系統立てて統一して持っていないと、強く不安になってしまわざるをえないわけですから、無意識のうちにどんどん構造化しているといいますか、構築しているといいますか、「閉鎖システム」として体系化していますね。★だから、それを緩めるというのはすごく難しいし、基本的に、意識的にはできないんです。

西平　ほんとうにそう思います。

松木　わたしたちが普段の生活で「こころの脱構築」ができるのは、衝撃的な体験、強烈な情緒的な体験を持ったときくらいです。そのときは否応なしにいちど緩んで、そのあと再構築する動きが起きてくるわけなんですけど、分析の体験というのは、それを分析設定という安全で限定された場所を提供してやっていくことだと言えるかもしれませんね。だから、禅のお坊さんみたいな人たちは、そういう「脱構築」を日常的にやる力量を持っておられるということなのかもしれません。

★この「閉鎖システム」を「分節 *articulation*」と重ねて理解したところに、ソシュール言語学を土台とした井筒俊彦の「分節理論」が成り立つ。すなわち、分節（区切り）の一つの単位が「閉鎖システム」に対応する。ということは、「閉鎖システム」がゆるむとは、「分節（区切り）」がゆるみ、境界線があいまいになること。「分節が緩む」＝「閉鎖システムが緩む」。井筒は、その枠組を用いて、東洋の伝統思想を共時的に整理して見せた。例えば、仏教思想に登場する「自性（じしょう）」を「分節＝閉鎖システム」と理解し、世界の真相は「無自性」であるという。「分節＝閉鎖システム」は二次的に構築されたに過ぎず、その真相には、何らの分節も境界線も、何らの閉鎖システムもないという。井筒は「無分節」と呼んだ。

循環・往来
――ワーキングスルー

精神分析は「痛み」を「取り除く」ことを目指さない。期待するのは、患者本人が「みずからの痛みを抱えるようになること」。

患者は「楽になりたい」と思って来るのだが、次第に「痛み／喪失・挫折」から逃げようとしている自分に気がつく。そして、そこから逃げるから苦しむと気がつく。「受け容れるしかない」…そういう気持になることができたら、それが大切なひとつの達成になる。

この痛みは、他の人によって抱えてもらうことはできない。自分で抱えるしかない。それを肚から納得すること。この論理をめぐって対談はさまざまに展開した。

Tadashi Nishihira *Kunihiro Matsuki*

対話 その一

精神分析における「痛み」は、結局、本人自身のあり方が引き起こしている痛みである。他者によって取り除いてもらうことはできない。誰かに助けてもらおうと逃げれば逃げるほど、苦しみが増す。自分で抱えるしかない。

西平　〝修行〟という言葉が適切かどうかわかりませんが、精神分析は、ある意味で〝修行〟の機会、あるいは、自分と向き合う機会を提供するということですか。

松木　そうですね。先生が〝修行〟という言葉を使われているところは、「苦痛に持ちこたえて新しいものが見えてくる、☆新しいものが手に入る」という意味で、あてはまると思います。修行に含まれる苦痛に持ちこたえることの重要さは、精神分析のプロセスでもそうなんです。「持ちこたえる」ことが大切なんです。治療者にも大事だし、患者にも大事なんです。わたしのこの理解が適切であるなら、確かにおっしゃるとおりです。

　人というのは、できれば楽しいものはいっぱい味わいたいし、苦しいものはぜんぶ取り

☆ビオンは精神分析の要素を四つ挙げているが、そのひとつに「もちこたえること *tolerance*」を収めている〔『精神分析の方法Ⅰ』福本修訳、法政大学出版局、一九九九年〕。【松木】

除きたいと思っています。文明の進歩というのはその方向に行っていますね。心地よいものを手に入れて、苦痛なものは排除しようと。人にとっていちばん苦痛なものは「死」だから、「死」をできるだけ遅らせようと、医学という分野を創設して懸命に工夫しているわけで、その現実化にどんどん成功していっているのが人間です。ところが、どれだけ快を手に入れ、苦痛を消そうとしても、苦痛の発生すべてを消すことはできません。

持ちこたえる自分を見つける

松木　生きている限り、ある種の苦痛な体験は必然的に発生します。苦痛の源泉を、要約するなら「対象の不在や喪失☆」といってよいと思うんですけど、自分にとって大事なものが手に入らなかったり、失ったりということは、必ず発生します。卑近な例をあげますと、親は必ず死にますし、わたしたち自身だって病気になることが当然あります。

生きていくうえで大事なこととして、楽しいことを楽しむことがありますが、それはかなりの人ができます。美味しいものを美味しく食べる、心地よい空間にいて心地よい気分を味わう、ということはできます。ところが、苦痛が発生したとき、挫折とか欲求不満とか、そのときにその状況を受け容れ、苦痛に持ちこたえることは、きわめて難しいのです。その苦痛にその人らしく持ちこたえる自分を見つけようとするのが精神分析ではないかと、わたしは思っています。

☆「対象喪失」は、対象の不在を受け入れて初めて体験される。そのためには対象の不在が引き起こす欲求不満の苦痛に持ちこたえねばならない〔松木邦裕『不在論』創元社、二〇一一年〕。

西平　「苦痛に持ちこたえる自分を見つける」*。いい表現ですね。

松木　〝修行〟というのは、苦痛に持ちこたえることに敢えて挑んでいく、姿勢であり行ないですね。たとえば料理人や大工の修業があるじゃないですか。その最初の時期である下働きは、快は手離し苦痛に耐えるときでしょう。でも、そこに持ちこたえて技術を身につけたら、自分にとって希望のある未来が開けると思うから修業を続けられると思うんです。お坊さんだって〝修行〟は、いずれ悟りが開けるだろうという希望があるから続けるのでしょう。このように本人の意志がまずあって入っていくのが修行なんですけど、精神分析はいささか違っています。

最初はそれまで苦しんできた苦痛から解放されて「楽になりたい」との思いを抱いて、精神分析を求められます。しかしながら、精神分析の体験を重ねているうちに、すなわち自分の在りように目を向け続けているうちに、楽になるかどうかという問題ではなく、その背景には、理由や他者の責任はあるにしろ、「喪失とか挫折に耐えられなかった自分がいて、その喪失や挫折から逃がれようとし続けたために、むしろ苦しみが増したり歪んだりしてしまっている」と気がつくのです。*

この気づきそのものにも、気づく過程にも、〝痛み〟がともないます。ただ、初めてみずからにかかわる真実を理解できたことへの〝安堵〟もあるのです。そこから、ここにも苦痛がありますが、断念、すなわち「受け容れること」に変わることになります。パーソナルなひとつの達成です。持ちこたえられなくてドロップアウトする人も当然いるのですが

＊「……人生の達成や成熟が、喪失や欲求不満の苦痛もちこたえながら考えを巡らせ続けることからなされることは、「艱難、汝を玉にす」「寒さに耐えた者ほど、太陽の暖かさを感じる」など、人間の経験知として知られている。」〔松木邦裕『こころに出会う』創元社、二〇一六年、六〇頁〕

＊「あなたはヒステリーのせいで痛ましい状態にありますが、それをありきたりの不幸な状態に変えるだけでも、多くのことが得られます。……そんなありかたりの不幸に対して、もっと力強く立ち向かえるようになるのです。」〔S・フロイト『ヒステリー研究』一八九五年〕

……。

西平　「楽になる」ための治療とは異なる側面ですね。先ほどは〝修行〟という言葉を使いましたが、逃げている自分と向き合い直して、そういう自分を受け容れようとする。そのプロセスを精神分析の言葉では何と言うのでしょうか。

松木　フロイトの言葉を使えば、「快感を得て、苦痛は取り除こう」というあり方を、快感原則に基づくこころの一次過程といいます。そうではなくて、苦痛なものでもそれをそのまま受け止め、持ちこたえて現実的な目的を達成するこころのはたらき方を、二次過程*といいます。

西平　あぁ、なるほど。

松木　現実原則に従う二次過程ということは、そこに「現実を知覚して考えること」が大きな役割を持つことになります。そこで現実を知覚して活動し始める内的資源である「思考」と、その思考を「考えること」でこころの二次過程が増大することに着目したのが、ビオンでした。「思考」と「考えること」の相互作用をクローズアップして、コンテイナー／コンテインドとして概念化しました。フロイトのいう自我機能、注意を向けたり銘記したり記憶したり考えたりすることという二次過程機能を強化しようと試みているのが、精神分析であるといっていると思います。

「現実原則」に従い、現実を吟味し的確に認識しようとするこころ。

フロイトの用語法で言えば、こころの一次過程は、快感原則に基づく。快感を得て苦痛を取り除こうとする。それに対して、こころの二次過程は、現実原則に従う。苦痛であってもそれをそのまま受け止める。目的を達成するためには、苦痛であっても、それを引き受け、持ちこたえようとする。そうしたフロイトの用語法で言えば、精神分析の治療とは、患者を「現実原則」に導く営みである。苦しくても逃げない。逃げたらよけい苦しくなるのであれば、戻ってきて、引き受け直すしかない。そう納得する所へと分析家は「導く」。

しかしそれは、いくら他人から教えられても、本人が自分で納得するのでなければ、達成されない。あるいは、頭で理解しても仕方がない。「身をもって知る」、「体得する」、「自得する」、このばあいで言えば、「肚を決める」とでも言うのだろうか。本人が自分の内側から「その気になる」しかない。

ではその時、分析家は何をするのか。助けるとか引き出そうなどと、働きかけない方がよい。むしろ出てくるまで待つ。しかしただ待つのではなくて、出てきやすい環境を準備しながら待つ。「自分を引き受けようとする力」が患者本人の内側から出てくるように仕掛ける。（西平）

「一次過程」、「二次過程」という概念は、ことばと経験の大きな乖離を実感させてくれる。理論的にいえば「一次過程を放棄して二次過程を強化するなら、その人は本来持つ能力を遺憾なく発揮し、個人的かつ社会的な目的を達成するであろう」と表現されることだが、それを我が身のものとすることが苦痛に満ち如何に困難かを〝修行〟という概念が教えてくれている。（松木）

対話 その二

前章の「対話その三」に登場した呼吸の話――意識しないときには、吐いて吸って、ちょうどいい程度にやっているのに対して、意識すると難しくなる。意識してしまうと、呼吸はぎこちない。それでは、精神分析が「自分と向き合う力を育てる」というばあい、それは、自分のことを意識せよということなのか。分析家は患者に、自分のことを意識するように、働き掛けているということなのか。

西平　精神分析というのは「自分と向き合う力を育てる」とか、「自分から逃げない」とか、むしろ「痛みを引き受けてゆく」という話をうかがいました。それによって、その人が「内発的に」というのでしょうか、「自分で自分を引き受けようとする力」を内側から引き出すと言うのでしょうか、仕掛けるというのでしょうか。そしてそのばあい、理想的にはケアする側は、むしろ、はたらきかけないほうがよいというお話でした。

松木　はい。引き出そうとすると、どうしても治療者側の欲望☆にその人を染めてしまいます。それでは、駄目でしょう。「小さな親切、大きなお世話」です。自発的に出てくるまで待つんですけど、それは何も考えずにただじっと待つだけではなくて、分析家はさまざまに思いを巡らしながら、内発的に出てきやすいこころの環境をできるだけ準備しながら、待つ☆ということです。

西平　理想的な形としては「しないでいると結果的に生じてくる」というわけですね。しかし「初めからなにもしない」のではなくて、結果として相手の側の内側から生じてくるようにこちらで環境をしつらえ、整えておくというわけですね。先生の本（『耳の傾け方』）の「リスニング」の話を読みながら、そうした点をとても興味深く感じていました。

そのうえで今度は「呼吸の修行」の話と重ねてみると、ある段階までは意識的に聴く、あるいは、客観的に聴く。いわば自分の呼吸に意識を向ける訓練に似ています。ところが、その後、先生の〈ステップ5〉からは、むしろそうした試みを手放してしまいますね。もはや意識を向けるということをしない。意識的であることを手放してしまう。その点が「無

☆ たとえば「治したい」「この治療を称賛されたい」といった欲望。

☆「もの想い *reverie*」である。この姿勢をフロイトは、ルー・アンドレアス-ザロメ宛の手紙（1961）で「ぼんやりとしたところを検索するために、しばしば私は人工的に自分自身を盲目にしようと試みます」と述べている。

心をめぐる稽古」と重なると思うのです。

似せぬ　似得る

西平　今日は世阿弥の〝稽古〟モデルを見てもらいたいと思います。* 「序」の部分、上に上っていく「似せる」のプロセスが、先生の〈ステップ1から4まで〉に対応します。ところがそこから離れてゆくプロセスがあって、その行き着いた先を世阿弥は「似せぬ」という。もはやワザに頼ることなく意識的になるわけでもない。そしていわば空っぽになったとき、世阿弥でいうと「急」にあたる出来事が生じると、もはや「似せる」のではないけれども「似得る」というわけです。

松木　「似得る」ですか……よくわかります。そうでしょうね。結局、本物は同じような形になるということですね。それが本物なら……。

なにかひとかどの人物になろうと思って〝修行〟するときに、世阿弥が言っているような展開、「まずは一所懸命、師匠に似せて」、しかしそのままでは本来の自分ではないですから、「自分を取り戻すために破があって」、自分が本来持っている削除も変形もできない部分を持ち出して、どう活かすかということになって、でもそれを突き詰めていると結局、「本質的なところは師匠に似ている自分がいるということに気がつく」ということでしょうか。

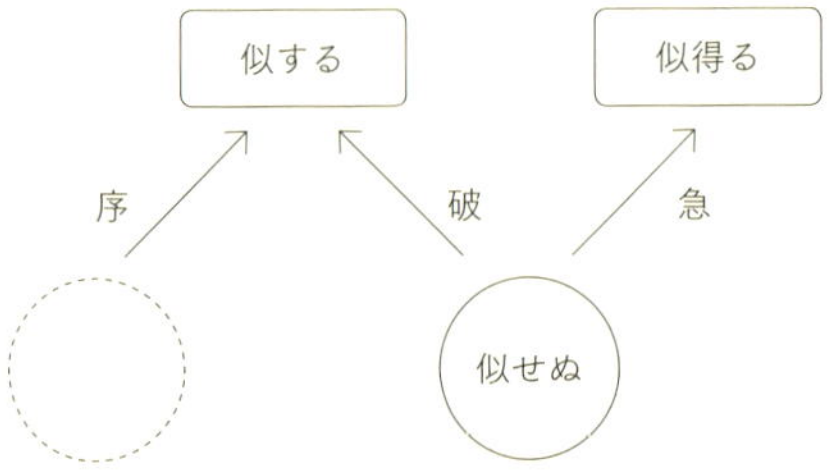

精神分析での訓練の体験も、それに似ているようではありますが、☆いまお話ししたことをわたし自身が十分整理できていないので、うまく表現できないんですけど、「似するようにしよう」という自分そのものを機会を得てもういちど見てみることこそが、本当の修行の基盤になるというものかもしれない、と思いました。真の動機をもたらすかもしれません。あるいは、自身の偽りに気づいて離れるかもしれません。

だから、たくさんの人が修行しますけれども、到達できる人もいれば到達できない人もいるのでしょうね。

西平　そのばあいも、危険を見ることが大切というのか、自分が拠って立っていた足場の「根拠の無さ」を認めるといったらよいのでしょうか。

松木　そうですね。さっきの呼吸の譬えでいえば、すでに死が不安だった人がぜんぶ吐き出してしまった状態では、酸素がぜんぜんないから「死ぬんじゃないか」と著しく不安になります。それが重要だと思います。不安に苦しみながらも、酸素がぜんぜんない最悪の状態に自分を置いています。置くことになります。ひとつの言葉で使えば「底つき」です。しかし、その「底」で、死ぬと思っていたけど死ななかった自分を見つけます。「死なない自分がここにいる」と気がつく機会が「底つき」体験ですね。うつになって「もう自分はぜんぜん駄目で、どうしようもない」と思い、さらに悲観に悲観を、絶望に絶望を重ね、最悪をあるところまで行ったときに、そこから「でもな……」という自分が*いつの間にか出てきていることに気がつくような……。

☆精神分析家の前田重治は世阿弥の『能楽論集』を臨床における面接と対応させて「このあたりの事情は伝統的な芸事の場合とはかなり異なるのではなかろうか」と言う。前田は「ここで注目すべき点は、その各立場で受け継がれてゆく理論の本質や、技法の型は同じであっても、つねに師匠と同じ理論と技法が伝承されているかどうかは分らないということである。その門下生にはそれぞれが個性の違いがあり、自分の臨床体験やパーソナリティの相違によって、『同じ型』の指導を受けていても、その後同じものが伝わってゆくとは限らないことである」と述べている。〔前田重治『「共」に学ぶ心理面接法』誠信書房、一九九九年〕

＊いくらか離れたところから自分自身や重要な他者との関係の意義を認める自分

精神分析でも、治療者と状況によって異なりますが、抑うつ的になったときに、自分に対する絶望の思いになったときに、それを治療者が先回りして、あるいは治療者自身の不安から、浮かび上がらせようとしないことは重要です。

西平　励まそうとしないのですか。

松木　積極的に励まそうとはしないし、手助けしたり保証したりもしないということです、直接的には。自分でそこを乗り越えたからこそ、その体験や力が自分のものになるんですから。躓いて倒れた幼子にあっては、自分で立ち上がることは大事と思います。

西平　その点はとても重要であるように感じます。治療者は手助けしない。でも、どこかで治療者は、「必ず浮かび上がってくると信じ続ける」必要があるのではないですか。

松木　そうです。信じ続けるというか、信じたいですね。信じたいし、「この人は浮かび上がれると思うから分析を始めた」という客観的なアセスメントも初期にしています。ただ、途中はものすごく不安になります。「この人はもう、この深刻な事態から回復できないのではないか」と怖れ怯えます。「自分は、精神分析に導入するというとんでもないことをこの人にしてしまっているんじゃないか」と、ものすごい不安や自責を体験することはあります。☆あまり体験しないで「この人は浮かび上がれる人だろうし、大事な体験をしているんだ」と思う気持で、一緒にいることができるばあいも、もちろんあるわけですけど……。ケアという言葉が馴染まないのはそこなんです。

西平　なるほど。少しわかるように感じます。そうすると、ある意味では「突き放す」に近

☆この不安や感情自体がその患者とのあいだで体験している特異なものとして、その意味を転移の文脈を踏まえて考える必要がある。そこから患者の体験の真実に触れる手がかりが得られることは少なくない。それは、不安などをあまり体験しないときも同様である。

いのでしょうか。

誤解されてしまうことを語ったのかもしれない。ここで語ったことは語るべきではなかったのではないかとの思いが今はある。精神分析に信を置くこと、精神分析家であるとの決意がここに入っているが、それも誤解されるであろう。（松木）

対話 その三

ワーキングスルーとはどういうことか。

西平　先生が「ケア」という言葉に違和感を覚えるとおっしゃっていた理由がわかるように

なりました。そうすると、そうした意味でのケアと較べると、精神分析には、ある種の厳しさがあるということなのでしょうか。

松木　厳しさというより、「深刻に真剣さを保持すること」「安易にすませないでおくこと」とはいえるかもしれないですね。これは直接関係ないかもしれないんですけど、わたしは「超越」という言葉が嫌いなんです。☆簡単に向こう側に行けるような響きがあるものですから、そんなに簡単に彼岸に行けるはずがないだろうと、「超越」という言葉を聞くとすぐにわたしには反撥が起こるんです。

西平　とてもよくわかります。「超越」という言葉*をめぐる問題、それも気になるのですが、でもいまは、その話にはしないで、「徹底操作☆」の問題をうかがってみたいと思います。

いったん諦める

松木　英語でワーキングスルー《working through》ですね。分析作業を、もしくは分析過程をやり通すことです。その作業のなかで現れた自分の問題やそれに伴う痛みを避けないで、それに触れ続けるということです。throughという言葉には「最初から最後までやり通す」「向こうに抜ける」という意味があります。その人が見出した心的な作業を最初から最後までやり通すのです。フロイトはワークスルーを「患者がすること」と言っています。☆だけど、後から出てきた分析家フェニヘルが、治療者がワークスルーすると言い始めたんです。その

☆今ここでの現実の深刻さ・真剣さに留まることを、ここで私は述べたかった。

「世阿弥は序破急の背後に『超越的実在』を設定しなかった。……むろん世阿弥が『あちら側』を見据えていたことは確かである。……『あちら側』が自らを人間に開示する。あるいはむしろ、常にすでに、『あちら側』によって支えられ、呼びかけられているからこそ、人間の側が求め出す……。」〔西平直『世阿弥の稽古哲学』東京大学出版会、二〇〇九年、一一二頁〕

☆小此木啓吾が導入した訳語。岩波書店版『フロイト全集』では「反芻処理」と訳出されている。いかにも分析臨床経験のない人の訳語である。

☆とはいえフロイトは「分析家にとってもひとりの試練である」と述べ、また、治療者ががむしゃらになっても、このワーキング・スルーの期間を短縮することはできないと述べている。臨床家フロイトの面目躍如たるところである。

あたりから混乱が発生していて、自我心理学では、治療者がワークスルーする考えも広まっていすけど、本来はワークスルーするのは患者なんです。

西平　とてもよくわかります。ドイツ語ではドゥルヒ《durch》*でしたね。まさに安易にすませない。もし先生がワークスルーを日本語で説明するとしたら、どんな言葉をお使いになりますか。★

松木　日本語にするなら、「やり抜く」とか「やり通す」という言葉でしょうか。もうちょっと硬い言い方をすれば、「分析作業を貫徹する」でしょうか。患者は作業をやり抜き、そしてそこにいる治療者は、一緒に生き抜くわけですね。

西平　先生は「底つき」という言葉をお使いになられますが、そのイメージは、いちど行きついて、再び浮いてくると理解してよいでしょうか。そしてそのときに「諦める」という言葉は、なにか関係がありますか。

松木　そうです。ある意味、一回、諦めるんです。諦めきれたら、パラドクス的ですが、浮かび上がってくる。だから、悲痛な断念を強いられなくてすむようになるんです。諦めきれないと、いつまでも諦めに引っかかったままなんですよね。

泳げない人が水に入ると、そのままだったらどんどん沈んでいきそうで、一所懸命に手足をばたつかせるじゃないですか。それで余計に沈みそうで不安になります。だけど、怯えながらも水に入って泳げるようになったら、海の中ではじめは沈みますが、そのままにしていても、あるところから身体がふっと浮かび上がってくるというのがわかっています。

Durcharbeitung
sich durcharbeiten —— 苦労して進む
durchgehen —— 通り抜ける
durchhalten —— 最後まで持ちこたえる
durchmachen —— 病気・苦難などを耐え抜く
durchschauen —— 原理・関連などを見抜く、理解する
durchstehen —— 苦難・危機などを乗り切る

★くり返すが、岩波書店版『フロイト全集』は、このDurcharbeitungに「反芻処理」という訳語を当てている。フロイト思想におけるこの用語については、慎重な検討が必要である。【西平】

飛び込むことが怖くなくなります。逆におもしろくなります。この経験があるかないかで、水への構えがぜんぜん違ってきますね。

だから、この種の経験ができる人は、ある意味、喪失や挫折を経験してもひどい抑うつにならなくてすむのです。抑うつ的になったとしても、焦って空回りせず、持ちこたえていたら「どこかでなんとかなるだろう」と思えるのです。ところが、この経験がない人は、余計にばたついて、ばたつくと余計に沈むから、「このままでは溺れ死ぬ」と思って、かえって疲弊して事態を悪くしてしまいます。


「ワーキングスルー *working through*」という言葉は、今日、多様に用いられる。たとえば、クライエントの側の出来事として語られるばあいもあれば、分析家の出来事として語られるばあいもある。松木先生はフロイトに即して、第一義的には「患者がすること」と整理した。やり通すこと。治療関係のなかで現れてきた自分の問題から逃げることなく、関わり続ける。みずからの精神的なワークを最初から最後までやり通すこと。やり遂げること。「諦める」をめぐる論理もじつに興味深い。「諦めきれないと、いつまでも諦めに引っかかってしまう」。逆に、「諦めたら諦めないですむようになる」というのである。

同様に「鬱にならなくてすむ」という話も面白かった。鬱になったとしても、

「どこかでなんとかなるだろう」と思うことができるから、実際、何とかなる。ところが、そうした経験がない人は、余計にばたつき、ばたつくと余計に沈むから、「このままでは溺れ死ぬ」と思って、実際に疲れ果て溺れてしまう。その悪循環を「鬱」と呼ぶというのである。（西平）

空想は万能であるから、限界のない最良や最悪をどこまでも思うことができる。一方現実は、生き物では生理の法則、外界現実では自然の法則に従っているので、想定外はあってもそれらの持つ法則の範囲内という限界がある。ワーキングスルーとは、さまざまな体験や考え方に潜む万能空想に気づき、現実の限界を知るというこころの作業とも言えるのかもしれない。それは、意外にパラドキシカルなのである。（松木）

西平 精神分析のプロセスを、たとえば僕は論文指導のプロセスと重ねて見ようとしました。それは、どの地点かまでは共通性をみることができるのでしょうか。

松木 できると思いますね。ただ、いま先生が論文指導とおっしゃったように、その目的というのは一貫していますよね。だけど、精神分析というものは、もともと本人が「苦しいもの」「どうにかしたいもの」、生きづらさを抱えて来られます。ただ、それは入口であって、その生きづらさに触れることではあるんですけど、途中からは、最初に抱えていた生きづらさが、問題であり続けることではなくなってくるんですよね。生きづらさが変形*していくわけなんです。

はっきりした言葉で表現するわけではないんだけど、自分はこういう人生を生きてきていて、自分はそういう自分なんだと、正も負もどう自分のなかに置くかという方向に、自分らしい言葉で表わしていくことだと思うのです。ですから、最初に自分の主題というか、主訴としていたものがずっと展開するというのとは違っているんですね。それが、論文を

* 「患者は苦痛の軽減を求めてやってくるし、分析家も苦痛の軽減を目指しているにもかかわらず、起こることは、苦痛にもちこたえる力を高めることである」「身体医学の領域で『治癒』や『改善』が大きな意義を持っているという意味では、精神分析にとって何の意義も持っていない。」〔Bion, W. 1992, 1967〕〔松木邦裕『こころに出会う』創元社、二〇一六年、六二頁〕

書き上げるといった、主題がずっと一貫しているものとは違ってくるものだと思います。

西平　そうするとそのばあい、もし最初に回復を目指して始めたとしても、途中からは回復ではなくなるのでしょうか。

松木　そういうことになりますね。ビオンは「精神分析の要素」という著作（"*Elements of Psychoanalysis*" 1963）のなかで「精神分析を始めるにあたって、患者も分析家も本人の苦痛が和らぐことを目指す」と書きました。にもかかわらず実際に起こるのは「悩み苦しむこと suffering を体験し、それに持ちこたえる力を高めることだ」と言っています。*

西平　それはある種、〝修行〟の考えに近いですね。

松木　そうかもしれません。だから〝修行〟というのは、いわばそこに特化するわけなんですけど、精神分析は「最初からそうしましょう」というわけではなくて、でもやっぱりそういう〝修行〟とも呼べる部分は、人間が生きるのに必要な部分なんですね。ですから、それが必然的に発生してきて、その作業をするということになると思うんです。

これはわたしの勝手な考えなんですけど、精神分析の言葉でいえば「快感原則に基づく一次過程で生きる」、つまり楽しいものは楽しむし、苦痛なものは拒絶するという、そういうあり方で生きていくのには、まずもって限度があるわけです。現実的には、耐え忍ばなければならない痛みや苦しみがありましょう。

たとえば喪失や挫折を体験します。そのときに快感原則に従って「もう苦痛だから触わるまい」ということでは、いつまでたっても大学には合格しない、といったことになりま

＊『精神分析の方法I』前掲

すね。そうではなくて、持ちこたえるべき現実は持ちこたえて、受け容れて、その苦痛を味わいながら現実的な達成を成し遂げるということが必要になる、その部分なんだと思うんです。だからそれを〝修行〟という言葉を使えばそうなるのかもしれないと思います。

西平 むしろ〝修行〟という言葉を使わずに、その側面を別の言葉でうまく言い当てられないかと思っているのですが。

松木 そうですね。楽しく面白おかしく、明るく元気に生きるというのは、誰でも出来る人生の過ごし方ではありませんから……。苦痛を含むなにかに挑むという、この〝修行〟に当たる言葉の部分というのは、皆それを意識しないでも人生のどこかで体験して、ほとんどの人は生きているんだと思うんです。どうしても苦痛に向かいあうことを受け容れられない人が、アルコール依存になったり薬物依存になったり性倒錯になったりしているというところはあるかと思います。

西平 なるほど……。ところで、この「持ちこたえる」は、英語では何と言うのでしょうね。

松木 toleranceでしょうか。たとえばbear*とかendure*という言葉にも「我慢する」という意味はありますよね。単に我慢するのではなくて、それを受け容れながら我慢するというのかな。それがtolerance*という言葉を使う理由だと思いますね。

西平 西田哲学の用語では、「絶対矛盾的自己同一」。決してそれぞれの独立は消えないけども互いに関り合っている。「持ちこたえる」という言葉は、その出来事を内に含んでいるのだろうと思います。

♬

She bore the pain well.——彼女はその傷みをよくこらえた。

They endured to the end.——彼らは最後までがんばった。

He doesn't have much tolerance for fools.——彼は愚か者に対してあまり寛大でない。

松木　そうですね。ときどき安易に使われる「止揚する《aufheben》」という言葉も、「持ちこたえて」いないと止揚できないはずですよね。簡単にはAufhebenできないです。簡単にそれができるなら苦労はないですから。

松木先生の「修行」理解は、とても示唆的である。

たとえばそのひとつ、修行した人と、していない人の違い。どちらも意識せずに呼吸している。ところが、修行した人は、じつは、いちど呼吸をぜんぶ意識して経験している。「吐いて吐いて吐いて、吸って吸って吸って、それを両方徹底してやった人が、そういうことをやらなくなって、呼吸をする」。それが修行した人の、意識せずに呼吸している姿である。それに対して、修行していない人は、そうした経験がないまま、ただそのまま呼吸している。むろんそうした修行を経ない「ただそのまま」はしばしば理想化され、子どもの無垢と重ねて称賛されるのだが、しかし実際の場面では、子どもの無垢は持続しない。ビギナーズラックは繰り返すことができない。その違いなど、もう少し先生に尋ねてみたかった。

もうひとつ別の場面。師匠に「似せる」という話。まずは一所懸命、師匠に似せる。しかしそのままでは「自分ではない」。自分を取り戻すために「似せぬ」、「破」がある。つまり「破」は、自分が本来持っているものをどう活かすか、そのために必要になるという理解である。ところがそのように模索を続けていると、結局、「本質的なところは師匠に似ている自分」に気がつく。それが「似得る」である。世阿弥からは離れた理解であるのだが、修行プロセスの理解としてとても興味深い、と同時に、おそらく精神分析における「訓練分析」のなかで体験されている変容プロセスであるのだろう。分析家訓練のプロセスを、稽古や修行の視点から検討する仕事は、次に残される課題である。（西平）

機

――底つきとタイミング

精神分析は困難な「ワーク」である。そのなかで患者は治療者から「突き放されている」と感じることがある。あるいは「突き落とされている」と体験する。その主観的な思いに分析家は付き合う。そのとき重要なのは「突き落とされるという不満や非難が〈転移〉である」という視点である。そうした不満や非難は、じつは、その人の問題の核心である相手に向けられている。その場では治療者に向けられている不満や非難が、じつはそのまま、「かつての母親との関係のなかで体験されたこと」である。思い出すのではない。患者はその関係を「いま、直接に、味わっている」。そうした「転移」をめぐる問題がひとつ。

もうひとつは、「底つき」の問題。当事者感覚でいえば、諦め、あるいは、断念の問題である。早く回復したい。しかし「早く回復したいと思っているうちは治らない」。そう言われても簡単には納得できない。だからこそ、それを身を以て納得するために「ワーク」が必要になる。とすれば、患者の側から見たら、「どこまでも落ちてゆく不安」と抱き合わせである。それを助けてしまったらその人自身の「ワーク」にならない。しかしほんとうに危険なときには支えなければならない。その“時機”を見計らった微妙なタイミングをめぐる問題である。

Tadashi Nishihira *Kunihiro Matsuki*

対話 その一

精神分析の治療は最終的に患者が「みずからの痛みを引き受ける」ようになることを願う。しかしそれは困難な「ワーク」である。誰にでもできることではないのではないか。途中で断念する、もしくは、より症状が悪化したまま治療から離れてしまうという心配はないのか。そのばあい、治療者は「この人ならばやり遂げることができる」と信じるのか。あるいは、「この人は浮かび上がれる」と思うから分析を始めるということなのか。それとも、どこかで患者を「突き放す」という側面もあるのか。

西平　治療者はどこかで「必ず浮かび上がってくる」と信じていますが、患者は「突き放されている」ように感じられるかもしれませんよね。*

松木　突き放すことはしなくて、ずっと一緒にいるという思いなんです。でも患者のほうは「突き放されている」としばしば被害的に体験します。それどころか「悪意から突き落とされている」と、恨みを抱いて絶望的に体験することがあります。それは患者のそういう主

＊　本書【循環・往来】対話その二（一〇八頁）参照

観的な思いですし、その主観的な思いに、こちらはそのまま付き合います。ただ、わたしたちがその専門家としてありうるのは、「突き放されたり突き落とされたりという体験は、本質的に転移だろう」という視点を持っている、ということです。

西平 「突き落とされている」とクライエントが感じる、それが転移なのですか。★

松木 はい。その人がわたしから「突き落とされている」と感じているのなら、その人独特の突き落とされ方の体験の質とか関係性があるはずです。一言で「突き放されている」「突き落とされている」と表現していますが、人によってその体験の性質は違います。それに、そもそもわたしは実際のところ突き落とそうとは思っていませんし、突き放してもいません。でも、彼もしくは彼女はそう感じています。

突き落とされるなかで

松木 彼もしくは彼女がわたしとのあいだで「突き落とし」をどう体験しているかという質が、その人にとっての主観的な人間関係でのいちばん苦しんできているところであり、その関係をどうにかしたいところが持ち込まれていると見ます。その人のもともとの重要な対象との関係と同じ質やダイナミクスが自分との関係に引き起こされているだろう、と考えるのです。

ですから、『先生はこんなにわたしが苦しくて死にそうなのに、そこでただ座っていて何

★フランスの哲学者ポール・リクールは、そのフロイト研究のなかで「クライエントの欲求を満足させずに欲求不満のままにしておくことによって治療を先に進ませる」点に驚きを表明している。もし治療者がクライエントからの転移に応えて満足を与えてしまうならば、クライエントはそれ以上治療を求めなくなる。その意味で、治療は、常に新たな欲求不満を作り出す課題を背負うとともに、それ故にこそ、治療の「終結」が極めて困難な課題となる。〔P・リクール『フロイトを読む』久米博訳、新曜社、一九八二年〕【西平】

もしてくれない。とんでもない人間だ』と非難されているとき、それは、その場では間違いなくわたしに向けられているのですが、同時に、「その人のなかの重要な人物、かつての母親とか父親との体験そのものを、わたしとのあいだでその人がいま顕わにしている」という理解を重ねています。

西平　ただ突き落として「自分で這い上がって来い」というのとは違うわけですね。むしろ、突き落とされたときに生じる「こころの動き」こそが、先生の言う「主観的人間関係」なのですか。

松木　はい。主観的人間関係だし、その人の人との関係での本質的な在り方が入っているだろう、と見ます。

西平　治療者の側にも何らかの配慮があるわけですね。★　つまり、「突き放せばいい」「突き落とせばいい」だけではないですね。

松木　もちろんそうです。言葉を広い意味で使えば「配慮」ということになりましょうね。☆　彼もしくは彼女の苦しんでいる気持や空想を、そのまま受け容れて、そのまま付き合う、ということです。分析の時間をその人といるときには、その人が非常にネガティブな感情を体験する対象とされているその人物として一緒にいます。〈転移〉を生きる視座です。

ただ、それと同時に、「いま、なにが二人のあいだで起こっているのか」を外側から眺望する視座も必要です。その視座がさっきお話しした〈転移〉ととらえる視座です。ふたつの視座を持ちながらその人と一緒に過ごす、という分析家としての在り方を試みています。

★この「配慮」については、例えば、本書【はじまりの対話】、【二重の見】（対話その二、対話その三）、【循環・往来】（対話その三）など、表現は異なるものの、繰り返し語り直されている。

☆その人独自の人生史とその歴史にもとづく個人神話（現実体験と空想の混ざったもの）を、いま生きているパーソンであることを十分に考慮して会っている、そのことに「配慮」という言葉を使ってもよいのかもしれない。【松木】

私はここでも、論文指導の際の大学院生との関係を思い浮かべていた。論文のばあいも最終的に「書く」のは院生である。しかし書く気にならない人がいる。論文としての手続きが弱いとか、日本語の表現が未熟であるというなら手伝うこともできるのだが、そもそも「やる気」にならないばあい、こちらは待つしかない。何も言うことができず、ただひたすら待つ。すると院生は「突き放された」と感じてしまう。わたしは常々そうした院生からの不満を重荷に感じていた。それは誤解である、勝手に誤解するな、話せばわかる。

ところが、分析家は、まさにその不満に付き合う、というより、それを治療のために役立てようとする。ということは、誤解されることに耐え続けるということである。患者の側が一方的に誤解して、こちらを悪く言う、その関係性のなかに、患者に秘められた問題の核を見る。ということは、治療者の側は、あたかも人体実験のように、我が身を差し出し、それによって、患者が我が身の問題に気が付く機会を提供しようとする。しかも喜ばれるわけではない。むしろ、まったく逆に「その人が非常にネガティブな感情を体験することになっている誰かそのもの」の役まわりをする（させられてしまう）。つまり分析家は徹底的に嫌われ役なのである。

それだけでも驚きなのだが、それに加えて、そうした二人の関係性そのものを冷静に見る目を持つという。「いまなにが二人のあいだで起こっているのか」、それを冷静に見続ける視点。つまり、一方で嫌われ役として自分の感情を動かしながら、他方で、そうした二人の関係を離れた所から見ている。

世阿弥の「離見の見」が思い出される。「我見」と「離見」の「二重写し」という特別な事態。分析家は何らかそれに近い二重性を体験している、あるいは、その「二重写し」のトレーニングを積み重ねることで初めて成り立つ「治療実践（わざ・アート）」なのだろう。（西平）

ここでは分析家が転移を生きることについて、西平先生に幾らかお伝えできたのかもしれない。いや、西平先生に汲み取っていただいて、理解してもらえたようである。転移には陽性の転移、つまり治療者が肯定的に好ましく受け止められるときと、陰性転移、治療者が苦痛を与える嫌な悪い人間と受け取られるときがある。そもそも何らかの生きづらさからその人は分析に来ているのだから、後者にわたしたちが重きを置くのは当然である。（松木）

対話 その二

どういう人が分析家（精神分析の治療者）に適しているのか。あるいは、どういう人が、分析家になろうとするのか。

西平 誰しも最初は泳げなくて、初めて海に入ったら沈むけれど、あるところから身体がふっと浮かび上がってくるというのがわかってくる。そういう話が先にありましたが、そんな自分で浮かべる人にも、精神分析は必要となるのでしょうか。

松木 水に入ってもそのまま浮くことができる人は、本人のなかには精神分析へのニーズはあまりないかもしれません。それはある種の自己信頼であって、その自己信頼は、乳幼児期から親とのあいだに信頼関係が得られてきたからこそ発生しうると精神分析では考えますし、それがエリクソンの言うベーシックトラスト*ですね。

その自分自身への信頼が持てていない人こそが、何かあると大きく揺さぶられて苦しくなってしまうのかもしれないのです。「いつ溺れてしまうかわからない」という不安がたびた

* E・H・エリクソンの「発達段階仮説と心理社会的な危機」——乳児期：基本的信頼×基本的な不信。〔cf.『アイデンティティとライフサイクル』西平直・中島由恵訳、誠信書房、二〇一一年〕

び出てきますから、そういう人が精神分析を必要とすることになりますね。あるいは、ある意味すごく運がいいか恵まれていて一応順調に過ごしていた人が、あるところでかなり怖い、溺れそうな体験にさらされて、「自分はほんとうは泳ぎ方を知らなかったんだ」と気づいて、泳ぎ方を習いに来ることもありますね。☆

でもそこで、実は泳ぎ方を手取り足取り教えることはしないのですね。「沈んでも浮かび上がる★自分がいる」ということに気づくように手助けするわけです。下手に泳ぎ方を教えたら、年中泳がなければならないことになります。「泳ぎを教えられるということは、泳いでいないと沈むんだ」と思いますから。だから「いったん沈んでも、やがて浮かんでくるんだ」と気づくことのほうが大事ですね。それが、より本質的な自己認識であり、自己信頼ではないでしょうか。

西平 なるほど。そうしますと、水のなかで自然と浮くことのできる人は治療者☆になれるのでしょうか。

松木 なれないと思います。

西平 そんなにはっきりしていますか。

松木 なれないし、普通はなろうとは思わないような気がします。わたしは子どもが三人いるんですけど、三人ともわたしの職業は特異なものと見ていて、関心がありません。わたしは三人とも乳幼児期の母親との関係は程よく良好だと見ていました。基本的な信頼は達成されているようだと見ていました。いちばん下の娘だけ、大学は臨床心理に行ったんで

☆内的動機の問題である。

★「沈んでも浮かび上がる」というメタファーが、この対話のなかにはしばしば登場する。①沈むのが怖いとジタバタし続ける人。②沈んでも浮かぶと信じることができる人。③初めから沈むことなど心配もせず、実際に、浮かんでいる人。この場合、②「浮かぶと信じることができる」というカテゴリーの内側は複雑であり、「疑うことがない」「不安だが浮かぶだろうと思う」「やがて浮かんでくるとようやく思えるようになってきた」など、ひとりひとり状況によって微妙に違う。

☆ここでは「こころの援助職」と表現するが、その仕事に就いている人たちからは、日頃の言動になにか無意識の（あるいは意識化された）内的動機があることが覗える。しかし時に「なぜこの人はこの仕事に就いているのだろう」と不思議さを感じさせる人に出会うこともある。そうした人たちの場合は、外的（世俗的）動機からその仕事に就いていることが、後にわかる。

すけど、他の学生たちと一緒に学んでいて、「これは自分の求めるものとは違う」「自分は思っていたより健康だということがわかった」と言っていました。その結果、別領域に就職しました。

西平　そうでしたか。

松木　完璧に安心している人なんて、いるはずがありません。そんな人がいたら、それは、本人の自覚の有無は別にしても、万能的なナルシシズムに浸っているのでしょう。

ある程度「自分はどうやら浮くんだな」と思える人は、浮いたり沈んだりしながら人生を生きるというのが普通の感覚だと思っているでしょうから、「沈みそうだ」と不安になってバタついている人を見たら、「この人たちはどうして、こんなことをしているんだろう」と思うかもしれません。そこで人によっては、「気の毒な人だな」と思う人もいれば、「なんでそんな余計なことをしているんだ」と軽蔑する人もいるかもしれません。軽蔑する人は、この人は自分とは違う世界の人だとしかたいてい思っていいでしょうね。でも、気の毒な人だと思う人は、なんらかの援助職になる可能性があると思います。

木乃伊とりになる木乃伊たち

こころの援助職を目指す人のなかには、子どもの頃から身近なところに何らかの障害や困難を抱えた人がいて、その人自身やその人に関わる人たち、たとえば母親を切実に気の毒に思っていた人たちがいます。ですから、その人が意識しているにしろしていないにしろ、困窮する母親か誰かを助けたいのが動機です。

精神分析や臨床心理、精神医学領域に関心を抱く人は、それが客観的状況や環境的な原因にしろ、あるいはかなり主観的な感覚にしろ、やはり子ども時代にこころの苦しさを味わい、それについて目を向けないではおれなかった経験が背景にあるように思います。つまり、ことばを使えば、ある種の精神病理を抱えた経験です。それをある程度なんとか収まりをつけても、こころへの関心が持続し、その世界の治療者になる人もいれば、実際は収まりがつかないままに治療者になる人もいます。臨床心理や精神医学の職域の人たちにうつ病やその他の精神疾患が認められることが少なくないのは、こうした理由によるとわたしは思います。

「木乃伊とりが木乃伊になる」というのは世間の諺*ですが、わたしは、わたしたちの職域について「木乃伊が木乃伊とりになる」と言ったことがあります。

西平先生の問いかけに、ここでのわたしは答えていない。だから、追記してみる。わたしは子ども時代のこころの苦痛を感じ、何らかの理由からそれにこだわる、もしくは捕まらざるをえなかった経験を「木乃伊」に喩えたが、子ども時代のこころの苦痛はほとんどすべての人が経験してきたものであろう。だから、か

木乃伊（ミイラ）とは防腐剤として用いられた油で、アラビアやエジプトなどでは死体に塗って、腐敗を防ぐのに使われた。この薬を取りに行った者が、砂漠で倒れて自分がミイラになってしまった……というのが、ことわざの起源とされている。

つては誰もが「木乃伊」だったのである。しかし「木乃伊」であったことを忘れてしまって大人として過ごしている人も多い。「木乃伊」経験の記憶をどのように残しているのか、あるいはどう引きずっているのか、その質が、その人がこころの援助者になる、もしくは患者になるかに及んでいるのであろう。精神分析はその質を細やかに見ていこうとするし、やはり意識しているにしろ意識されていないにしろ、その見ることへの関心が精神分析への動機にはあるのではないだろうか。（松木）

対話 その三

「早く回復したい」と思っているうちは治らない。ある種の「諦め」、「断念」。そして、哲学への関心。

松木　今日は先生にお伺いしたいことがあるんです。先生はなぜ、哲学に関心を持ったり、あるいは宗教に関心を持って、学ぼうとされるのか。それを聴かせていただきたいんです。というのは、わたしも哲学や宗教に関心はあるんだけど、精神分析のオリエンテーションがわたしの気分に合うんです。そうではない先生はどんな方なのか、お伺いしたいのです。

西平　僕は子どもの頃から、定期的に熱を出して寝込んでいたんです。そのときに「自分の思うようにならない身体」というものを、文字どおり、我が事として感じていました。ところが、そうしたとき、父が、『ときどき寝込むのは良いことだ』と言うのです。ひとつには、身体が自分で調節し直すためであるということもあるのでしょうけど、もうひとつ、その背後に、「自分で何でもできる」と思い込むことへの戒め、あるいは、そうしている自分に気づけ、というようなことだったと思うのです。

しかし子どもの頃は、なぜ父がそんなことを言うのか、不思議でした。寝込んでいると、初めは「申し訳ない」とか「迷惑をかける」とか、自分で自分を苛むことばかり繰り返します。★でもそのうちに、「これにも意味があるのではないか」と考えるようになります。まず最初は「一回休めば次にまた元気になれる」という意味、しかしもう少し諦めが進んでくると、「一見、何の役にも立っていないような、寝込んでいる姿にも意味がある」と思い始めます。そう思い続けることはできないのですが、時に、そのように感じることができる瞬間が訪れる。

うまく言えませんが、そうした瞬間は持続しないように思います。そのつど気づくしか

★「病で寝込む体験」と「瞑想修行」との関連は丁寧な考察が必要である。例えば、瞑想を邪魔する「雑念」のひとつに、「ムダなことをしている」という思いがある。ムダな時間を過ごしているのではないか、もっと他人の役に立つことがあるのではないか。そうした思いといかに付き合い続けるかという点などは、病に伏したときと共通するように思われる。

ない。しかも寝込まないと気づかない。そのことに気づくためには、毎回、痛い目にあわないと駄目なのではないかと思ったりするのですが、たぶんそのあたりが、哲学的な思想へのこだわりになっているように思います。

松木　痛い目にあうと、その痛いところから早く抜け出したいですね。わたしも風邪で寝込むと、早く治りたいものだから、なかなか治らないとしだいに機嫌が悪くなっていきます。そして、ややもすると八つ当たりをし始めます。もちこたえられていません。でも先生はそうではなくて、その痛いところを受け容れられていると思います。

西平　経験則というのでしょうか、「なんとか早く回復したいと思っているうちは治らない」ということが身に沁みついていて、限りなく落ちてゆく自分を諦めるというのか、どうにもならないと断念しないことには、身体が自分で回復し始めないと納得しているというのか、ほんとうは納得なんかできないので、布団をかぶって、しがみついて泣いている感じです。

松木　断念しておられますね。

西平　落ちるところまで落ちないことには上がって来ないということでしょうか。

どこまでも落ちて

松木　まさにそれは、精神分析でクライエントの人たちが、それこそ落ちたらfalling forever

になってしまいそうで、早く立ち上がろうとされる。だけどそうではなくて、あるところまで落ちたらそこからは更には落ちられなくて、止まってしまい、上がるしかなくなってしまいます。その体験をどのように受け入れるかが、すごく重要なことなんです。先生はそれをご自分で経験的に見出されたんですね。

西平　お話を伺いながら、精神分析が関係性のなかでやろうとしていることを、僕は、熱を出すごとに独りでやっているように、感じていました。

松木　そこにあるのは、さっきおっしゃったお父さんの言葉ですね。そういうときに寝込むことが必要なんだ、という。つまり「その苦痛には意味があるよ」とお父さんが教えられていますね。病んでいる者としては、病気というのは好ましくないもので「早く元気になりたい」と思うのですが、そうではなくて、「その状態というのは、ある部分、必要なんだ」というまったく新たな視点をお父さんが提示されています。その言葉が背景からはたらきかけているところで、先生はいまの〝断念〟の感覚★を見出されたのではないだろうか、と思いました。そうだとしたら、そこには、精神分析的な治療での治療者とクライエントとの関係に近いものがあるように思います。

西平　なるほど、父親との関係が土台になっていた。

松木　父親の言葉ということで思い出したことがあります。わたしも身体が弱かったんです。子どもの頃は、重い百日咳になったりいろいろ病気にかかっていて、痩せて細かったんです。いまは体重が増えましたけど、とにかくひょろひょろしていて細かったんです。小学

★「断念の感覚」と「無心」との関連は今後の課題であるが、盤珪禅師が示した「不生」の境地は、ひとつの手掛かりとなるかもしれない。〔西平直『誕生のインファンティア』Ⅳ-4〕

校低学年の頃かな、何気なく父親がわたしに言ったんです、『昔だったら、おまえみたいな子は死んでいる』と。父親は医者でした。わたしはまだ小学校一、二年の頃だから、医者というのは医学を何でも知っていると勘違いしますから、「そうか、父親がそう言うなら、自分はほんとうなら死んでいるのか」と思いました。それはすごく残っています。「もともと自分は死ぬ人間だったんだ」と自分を見始めました。☆

西平 すごいですね、それは。

松木 だから、「死んでいる人間がどう生きるか」ということが、わたしのテーマにあったと思います。父親は、普段あまりしゃべらない人でした。だから、わたしには衝撃的な発言でしたね。その思いを家族の誰にも言うことはありませんでした。

父親を語る。そして、そこに自分のこころを見る。それは精神分析である。
母親を語る。そして、そこに自分のこころを見る。それも精神分析である。（松木）

☆私は祭りや賑わいを好まないが、それは、その場が「死んでいる人間」には似つかわしくないからだろう。

対話 その四

身の程、身の丈、レンゲソウ。

松木　この『誕生のインファンティア』は、すごく西平先生にとって意味が大きい本と感じました。先生の人生のひとつの段階において、存在する必要があった本なのでしょうね。

西平　そのようです。そのなかで「自分がなぜ精神分析という思想に惹かれるのか」再確認しましたし、同時に、自分がたとえば心理療法家といった道に行かなかったのはなぜか？ということにもつながります。結局、僕は自分のことが問題だったというのを強く感じました。

松木　おそらく先生は、「人に直接影響を与える」ということをあまり好まれない方なのではないでしょうか。

西平　そうかもしれないです。

松木　精神分析家、心理療法家というのは、できるだけ自分が露わに影響を与えないように分析を実践するのではあるんですけど☆、いかんせん、関係の質が濃厚ですから、ともにいることにおいて影響を及ぼしていることは歴然としています。だから、そこに身をおくことじたいが、わたしを含めて、そうした治療者であろうとする人のあり方☆を如実に表していると思うんです。そこのところで先生は、もっと謙虚なあり方をとってこられたんだろうと思うのですが、いかがでしょうか。

西平 それは「気が小さい」ということでして、自分のなかの或るサイズを超えてしまうと、「僕の〝分〟を超えている」ということを強く感じてしまいます。人に影響を与えすぎてしまうと感じると、「これは自分ではない」というか「自分を超えている」というか、それはしばしば感じます。

松木 日本語で言う「身の程」とか「身の丈」を、先生はやっぱり普段から意識されているんですね。

西平 そうですね。自分のスケールの小ささを、なんとか広げたいとか、自分の殻を突破したいとか思うのですが、そう思っていると、熱を出したりして寝込んでしまって……。寝込むと、頭が痛くなりますが、そうしたとき、孫悟空の緊《きん》箍《こ》呪《じ》を思い出します。それこそ、スケールを大きくしようとするとギュッとやられる感じです。

松木 東京大学で教鞭をとっておられた頃の学生さんなど、西平先生に影響を受けたという人は多いと聴いています。先生は影響を与えないあり方をとられるんだけど、それがその「謙虚」という質の影響を与えているんでしょうね。

☆ 精神分析では治療者に「中立性」「匿名性」「受身性」「隠れ身」が求められている。

☆ 正常な逆転移としてRoger Money-Kyrle (1956) は「償いの気持」と「親としての思い」を挙げている。治療者は抑止してしまわず、意識的・無意識的にこの思いを作動させている。

西平　「うまくやろうとしないと、いちばんうまくいく」というのに似ていますよね。舞台に立つときに「うまくいくように」と思ってはダメだ、でも「そう思わなければうまくゆく」と気がついてしまったら、もっとダメだ、という話です。そのあたりが、〝無心〟の問題に僕が惹かれる理由だと思います。つまり「自然体でいることの難しさ」です。自分のことを気にしすぎると、自然体ではいられなくなってしまいます。うまくやろうなどとは思わずに、あるいは影響を与えようなどとは思わずにいられればいいのですが、そうした自分との関わり方の難しさというのでしょうか。★

松木　自分のことを気にしすぎるのは、やっぱり「うまくやりたい」からですね。だからそこで、ちょっと自分を突き放して、「『うまくやりたい』自分がいるぞ」「情けないけど、それが自分だ」と捉えられるかどうか、ではないでしょうか。

西平　ほんとうにそうですね。

松木　「自分のサイズはこんなものだ」と小さい自分であるところを素直に認められるのですね。わたしが西平先生にとてもいい感じに自身を置かれている先生だなぁと日頃感じているのは、まさにいま話されたような、どこか自分のサイズに実直に目を向けておられて、大きいふりをしたりしないで、自分のサイズの自分の生き方を見つめながら歩むことを実践しておられるということからなのかな、と思いました。

　たいていの人間は、どちらかというと自分を大きく見せたくて、ほんとうは自分がそうしたいからするんだけど、それにいろんな理由をつけて正当化して、さらに大きく見せよ

★この問題を突き詰めたところに世阿弥の「舞」が広がる。〔西平直『世阿弥の稽古哲学』東京大学出版会、二〇〇九年〕

うとしがちだと思います。そこには、小さい自分を見出してしまうことへの怯えがあると思います。そうではなくて、「自分はこういう人間なのだからこの程度で、その程度のなかで、自分のできる努力はしていこう」。言葉にすればそうした感覚を先生が持っておられて、実践されているように感じます。

西平　ありがとうございます。

松木　じつはいま、最終講義の準備をやっているんですけど、いちばん最後のスライドに用意しているのが、レンゲソウなんです。「手に取らで　やはり野に置け　蓮華草」という句があります。作者は播磨の滝野瓢水という人なんですけど、これって実際は、名の売れた遊女と結婚しようとした男性を諫めた句ということです。蓮華草は遊女のメタファで、「家に持って帰るな。身分があわないから結婚はやめろ」というのですね。

でも、わたしのこの句に持つニュアンスは違っていて、レンゲソウというのは床の間に置くのではなくて、普通の自然な田舎の景色のなかにあることで本来の姿が生きるんだ、という意味として捉えています。☆ 京都大学大学院という「床の間」にしばらく置いてもらいましたが、また野に還って過ごすのが「いちばん自分に合う」と感じていることを伝えたいと思ったからです。やっぱり床の間には菊とか牡丹が合うので、レンゲソウにはレンゲソウに合う場所があるようです。と……、おっしゃろうとしたことを遮ってしまいました……。

西平　いいえ、すてきな区切りになったと感じていました。ほんとうにそうです、レンゲソ

☆私には、蓮華草と遊女は結びつきにくい。私にとって蓮華草は、幼い頃、家の裏の田の畔にどこかしこといっぱい咲いていた。とりたてて目に留めることもない花だった。しかし、その無数の蓮華草と菜の花こそがこころに残るあの懐かしい風景を形作っていた。

ウです。

最終講義には西平先生にもご来席いただけた。大変ありがたかった。京都大学からのわたしへの大きなプレゼントは、西平先生にお会いできたことであった。そして、こころを豊かに耕していただいた。（松木）

みずからを生きるひと──おわりの対話

松木　新幹線で読んだ雑誌に載っていたと思うんですけど、白鵬が語っていました。『たくさん稽古をすることは、ものすごく苦しい』『ものすごく苦しいけれども、稽古をすることで「自分らしい自分になる」というか、稽古をするからこそ自分があるんだ』ということを言っているんですね。確かに、厳しくて苦しいという感じがないわけではないけれども、そこにその人にとって「自分の存在そのものに関わる重要な意味」が発生しているから、苦しいけれどもやろうとします。☆

西平　はい。でも先生、普通の人は……と言うと失礼ですけど、そんなに稽古をしなくてもいいんじゃないか、というか、別のかたちでそこを満たすだろうと思うのですが……。

松木　そうですね。だから精神分析の体験をしなくても、自分なりの苦痛の持ちこたえ方を身につけるなどして生きていて、もちろんその人の人生としても納得できるし社会でも成功するという人もたくさんいると思うんですね。むしろ、おそらく社会で成功している人たちには、そういう挫折とか喪失の苦痛を体験して、それを他罰で済ませず、自分のもの

☆今日、「苦痛な修練を耐え抜いてなにかを達成する」という物語は好まれているようにも思われる。テレビ・雑誌などでそのようなノンフィクション・ドキュメントをたびたび目にする。それは、料理人や芸術家のように修行を要する職種から、スポーツ選手や会社員など、より一般的な人々についても、そこに焦点を当てる物語構成は好まれているようである。「快」の追求だけでは人生は成立しないことを、多くの人は知っているからであろう。

として真摯に受け止め、その苦しい経験から学んで、その学びを人生に活かしていっているような人たちが、ある割合いると思います。それはむしろ一般的なのかもしれません。ただ、人によっては、そうした苦しさを生きていきながら、まだ自分では明瞭にはつかみ難いけれども、何かがあることを感じて、分析や心理療法を経験するなかで真剣に向かいあい、徐々に自身の人生の主題に気づき集中していく、ということもあると思います。わたしはそうしたニーズが発生してくる人たちに精神分析を提供することで、分析に意義が生まれると思うんです。

そのようにして、ニーズを持った人が精神分析家になっていくのではないでしょうか。つまり、挫折や喪失を抱えていた自分が、自分なりに乗り越えることができたので、こんどは木乃伊とりになって、木乃伊になっている人をなんとか手助けしようと……。

道をもとめて

西平　なるほど。やはりそれは、ある種の求道者と考えてもいいですか？　精神分析の道はある種、日本語の感覚でいえば〝求道〟なんじゃないですかね。

松木　確かに、結果としては禁欲的な生き方ではあるようです。たとえばわたしの幼なじみだったり中学高校の友だちだった連中は、ゴルフをしたり釣りに行ったりしているんですね。かたや精神分析の世界の友人にはゴルフをする人は一人もいないですね。そもそも夜に分析の時間や研究会を持っていますから、夜にあるものには行けません。たとえばコンサートや演劇などは、ぜんぶ断念しないといけません。

　わたしは駅の近くに精神分析オフィスを持っていて、帰り道の駅構内の一部に立ち呑み屋がいっぱいあるんです。仕事が終わって通り抜けるとき、そうした店の中や外で大勢で楽しそうにワイワイ語って笑っているんですね。わたしはそこを抜けて乗り場の方へ歩いて向かうんですけど、そのときに「あぁ、こういう楽しい時を満喫する生き方があるけど、自分の生きる世界はぜんぜん違っちゃった」と思いながら歩き抜けるんですね。でも、もう一方で、「この人たちはここで楽しい時を過ごしているけど、人生それだけじゃないんだよな。そのもうひとつの道を自分は選んだんだよな」というのも浮かぶんです。

西平　いやぁ、ほんとうに、そこですね。先生が「断念」という言葉をお使いになったじゃないですか。それはかなり深い言葉ですね。

松木　自分で選んでいるんですよね。そういう生き方が自分らしい生き方になると思って選んでいるんです。その意味では、好きなことをやっているんです。精神分析の人間というのは「自分は好きなことをやって生きている」という感覚がすごくあるんです。

西平　そういう意味では、哲学もそうなのかな……。

　先生が話してくださる精神分析というのは、ある極めてコアな部分というか、フロイト的なものを感じます。「フロイト的」と言うのは、ミケランジェロが創ったモーゼの十戒の姿が示すような「断念」とか、自分の「使命」とか、やっぱりフロイトはそういう人だったと思っているんです。精神分析の根っこも、そのあたりではないでしょうか。

松木　そうですね。先生のいまのお話を聴きながら思いました。わたしには「薄味の精神分析を実践してしまっていないだろうか？」という自問が常にあるんです。そして「常に、より精神分析であるそれを実践できる自分であるように、自分を方向づけしているように」という思いは、ずっと抱いているんですね。そうした思いは、言葉を換えれば「分析家としてより成長する」とか「分析家であることを体現する」とか、いろんな表現はできると思います。いずれにしても、精神分析そのものになることはできないけど「そのものであるところを目指したい」という気持はずっとある、ということです。☆それは、精神分析にかかわる人間の多くが思っていることのように感じます。

西平　なるほどね。そうすると、職業ではないという言葉は適当ですか。「百姓は職業ではない、〝生き方〟だ」という言い方に倣えば、分析家は職業ではなくてひとつの生き方だと。★

松木　それはそうだと思います。だから、ある意味、趣味は要らないんです。先生もそうではないですか？

西平　あぁ、そうですね。そこはわかるような気がします（笑）。

松木　先生と接していたら、「哲学は生き方だ」と思いますもの……。哲学の知識を集められている方という感じは全くしなくて、そういう生き方をしておられると感じるから、わたしから見たら先生のほうがはるかに〝修行〟に近い生き方をされていると感じます。

西平　僕としては、そういう生き方へのアンビバレンツをずっと持ちながらですけど、大き

☆ vocationという英単語がある。日本語では「天職」と訳出される。「神に召された」という意味だが、ある英国人、その人は、精神分析の世界とはまったく関係のない人だが、精神分析家であることを彼に伝えたとき、その表現が使われたことを思い出す。

★ この「職業ではない。生き方だ」という用語法における「職業」は「賃金を稼ぐための労働」である。当然ながら、「職業」という言葉を、賃金を稼ぐための労働に限定せず、天職・使命・この地上でなすべき課題（vocation, calling, mission）と重ねて理解すれば、「職業」と「生き方」を区別することはできなくなる。

く言えばそういう人たちに共感するし、そういう眼を持った方から「甘い」とか「まだまだだね」と言われるのはいちばん辛い、という気持もあります。

松木　それは同じような感覚なのかもしれませんね。わたしは精神分析の世界の人から否定されるのがいちばん苦しいです。ものすごく苦しいです。

西平　先生は精神分析という学会で、ある意味アイデンティティがはっきりしますよね。それでいくと僕は、そこを緩いままにして、複数のアイデンティティで生きている。たぶん逃げているんだと思います。

松木　それこそ「しなやかな強さ」を先生は持っておられるから、そうしていられるんじゃないでしょうか。わたしなんか、批判に耐えられなくて……「所属に恥じない修練と実践を続けているんだ」と自分に言い聞かせて安心したい気分に陥る、そんな臆病な人間だと思います。

おしまいに

西平　前回の対話のすぐあとに先生が用事で奥様と電話で話された、ということでしたよね。その折に奥様が「ずいぶん疲れているようね」という印象を語られた、ということを思い出して僕はいま、「ごめんなさい」という気持でいます。

松木　わたしにはこの時間がすごく楽しく、充実していました。また同時に、先生とのあいだで実《ジツ》を語り合っていきたい、と思っていましたから、それがゆえに内側で消耗していたのかもしれません……。

西平 お話をうかがって、どうして僕が松木先生とこういうかたちでお話ししたいと思ったかが、すこしわかったような気がします。先生のことをきっと、いまの学生なら、「昔気質《かたぎ》の人だ」と言うんじゃないでしょうか。少なくとも僕は、そう思われているようです。

松木 そうですね。いつの時代にも、西平先生みたいな人間とかわたしみたいな人間はいると思うんです。ただ、世の中がライトを当ててる人間というのは時代によって異なるし、ライトに当たりたい人もたくさんいるわけで、そういう人がその時代の人間だということになる、ということなんだろうと思っています。たとえば「いまの若い人たちはこんな感じだ」と、ひとまとめにされていわれるけれど、一人ひとりと話すと、それぞれがぜんぜん違っています。

西平 ほんとうにそうですね。そう思います。いまの人たちにも昔気質《かたぎ》がいるんですよ。

松木 「いまの人たちはこんなだ」とか、「あの時代の人たちはこんなだった」とか、十把一絡げに言うとわかりやすいんだけど、でも、ほんとうに一人ひとりと話すと、「あぁ、こういう人なんだ」ということがしみじみと、歳がいくつであろうが伝わってきますよね。精神分析においてはその意味で、まさにその人に出会えるというのが素晴らしい経験です。

西平 ありがとうございました。

対話の終わりに——内なる対話の〝始まり〟

西平先生に導かれた「無心の対話」は、私には始まりだった。

西平先生のことばに耳を傾け、ときに問いを受け、あるときには私が先生に問いを発するというこころの営みが、そのままもう一度、私が自身のこころに置いていることばや私のこころに漂うものをゆっくり見直す時になった。

私のこころにこうしたうごめきが生じたのは、〝包容力〟という表現ではまったく足りない、ご本人は自然体で意識されることもなく現わされているであろう、温かな空《くう》によって安定と安心を与えられる西平先生のお人柄に包まれていたからであろう。

そして、その見直しは、対話の終わったいまも続いている。いまは、目の前におられない西平先生との「内なる対話」である。

そして、そこで私は、こころに漂うものを新鮮に見直すだけでなく、私のことばの凡庸さ、考えの凡庸さに気がつくことができた。私のことばや考えは、手あかがたっぷりと付いていたり借りられたそれらのままであることを、いま更ながらに発見し、鍛え直さねばならないことを実感した。

途方に暮れることである。しかしながら、私が精神分析を実践していく以上、やらねばならないことである。

鍛えられた人の柔らかさを、私は西平先生のこころに見る。そんな先生との対話ゆえに、私は「無心」に近づけたように思う。無心に〝もの想い〟に浸れた。有難いとしか言いようがない。

おそらく哲学とは思想ではなく生き方である。

西平先生にお会いし続けて、私はそう思った。生き方に現れているとのことは、西平先生が体得されているということである。哲学こそが、体得のために一生続けられている自然な修練・鍛錬の産物であろう。

精神分析も同じはずである。

いま私は、たいへん苦しい思いを抱き続けている。こころのなかがひどく苦い。我が国の精神分析臨床家のなかの対立が露呈する機会に、私は遭遇している。それは精神分析にかかわる人たちの現実の姿である。そうであるがゆえに苦しい。

「対話」の時間は私には、〝もの想い〟のなかにみずからの思考を自由に漂わせ、それからことばを探してお伝えする、何ものにも替え難い充たされた時間であった。穏やかな気持の両親とともにいて、こころの向くままに喃語を口にする乳児の心地よい体験のようである。だから、私の精神分析は始まったばかりである。

〝始まり〟を静かに教えていただいた。

二〇一七年　十一月

松木　邦裕

松木邦裕（まつき・くにひろ）

中学時代に宮城音弥著『精神分析入門』〔岩波新書〕を読み、この学問に魅せられる。熊本大学医学部を卒業後、精神分析修得をめざして臨床実践や学問的研鑽を重ねるとともに、精神分析臨床の訓練を受ける。1999年に福岡市で精神分析室を開設。2009年から2016年まで京都大学大学院教育学研究科臨床教育実践研究センター教授を務めたが、京でのみずからの修行のときと位置づける。2016年より福岡市に戻り、以前の生活に戻る。専門は臨床精神分析学。

主な著書に『対象関係論を学ぶ』『精神分析体験: ビオンの宇宙』『耳の傾け方』岩崎学術出版社、『摂食障害の治療技法』『精神分析臨床家の流儀』『改訂増補 私説 対象関係論的心理療法入門』金剛出版、『分析実践の進展』『こころと出会う』創元社など。精神分析家藤山直樹との共著に『精神分析の本質と方法』『夢、夢見ること』『愛と死』創元社〈こころの臨床セミナーBOOK〉。

こころに真に出会おうと、精神分析臨床を続けていますが、「日暮れて道遠し」を歩んでいます。

◆著者紹介

西平　直（にしひら・ただし）

信州大学、東京都立大学、東京大学でドイツ哲学と教育哲学を学んだ後、立教大学に七年、東京大学に十年勤務し、2007年から京都大学大学院教育学研究科教授。専門は、教育人間学、死生学、哲学。

主な著書に『エリクソンの人間学』東京大学出版会、『魂のライフサイクル――ユング・ウィルバー・シュタイナー』東京大学出版会、『世阿弥の稽古哲学』東京大学出版会、『無心のダイナミズム――「しなやかさ」の系譜』岩波現代全書、『誕生のインファンティア――生まれてきた不思議・死んでゆく不思議・生まれてこなかった不思議』みすず書房など。

風のように自然に生きてゆくことを夢見ながら、「意識する」ことの厄介さと絶望的な格闘を続けています。

こころの臨床セミナーBOOK

無心《むしん》の対話《たいわ》
精神分析《せいしんぶんせき》フィロソフィア

2017年12月20日　第1版第1刷発行

著　者……………………………………………………
西平 直・松木邦裕
発行者……………………………………………………
矢部敬一
発行所……………………………………………………
株式会社　創元社
本　　社　〒541-0047 大阪市中央区淡路町4-3-6
TEL.06-6231-9010（代）
FAX.06-6233-3111
東京支店　〒162-0825 東京都新宿区神楽坂4-3
煉瓦塔ビル
TEL.03-3269-1051
http://www.sogensha.co.jp/
印刷所……………………………………………………
株式会社　太洋社

ISBN978-4-422-11310-4　C3011